Original en couleur

NF Z 43-120-B

LA MAISON DE LAURÉTAN

DES LORÉDAN DE VENISE

EN ALLEMAGNE, DANS LES PAYS-BAS ET EN ARTOIS

PAR M PAGART D'HERMANSART

Secrétaire-archiviste de la Société des Antiquaires de la Morinie
et membre de plusieurs Sociétés savantes.

SAINT-OMER
IMPRIMERIE ET LITHOGRAPHIE H. D'HOMONT
14, rue des Clouteries, 14
1886

(2)

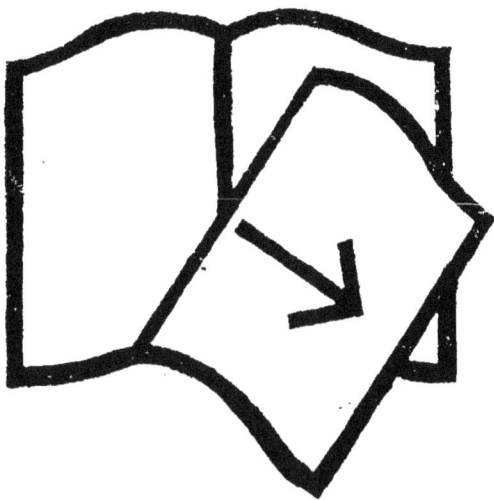
Couverture inférieure manquante

LA MAISON DE LAURÉTAN

ISSUE

DES LORÉDAN DE VENISE

EN ALLEMAGNE, DANS LES PAYS-BAS ET EN ARTOIS

PRINCIPAUX OUVRAGES DU MÊME AUTEUR

Les anciennes communautés d'arts et métiers à Saint-Omer. 2 vol. in-8°, 744 et 405 p. avec 4 planches, Fleury-Lemaire, Saint-Omer 1879 et 1881. (Cet ouvrage a mérité une mention honorable au concours des Antiquités nationales de l'Académie des Inscriptions et Belles-Lettres en 1882.)

Convocation du Tiers-Etat de Saint-Omer aux Etats-généraux de France ou des Pays-Bas en 1308, 1346, 1420, 1427, 1555 *et* 1789. Broch. in-8°, 60 p. D'Homont, Saint-Omer 1883.

L'Artois réservé, son Conseil, ses Etats, son Election à Saint-Omer de 1640 à 1677. Broch. in-8°, 50 p. D'Homont, Saint-Omer 1883.

La Ghisle ou Coutume de Merville 1451. Broch. 86 p. D'Homont, Saint-Omer 1884. Ce travail a été lu au Congrès des Sociétés savantes tenu à la Sorbonne en 1883.

Les maisons d'éducation d'Ecouen et de Saint-Denis et les vassaux de Coppenbrugge en 1811. Broch. g⁴ in-8°, 10 p. Ernest Thorin, Paris 1885.

Un magistrat municipal à Saint-Omer en 1790. Broch. g⁴ in-8°, 26 p. A. Sauton, Paris 1886.

LA MAISON DE LAURÉTAN

ISSUE

DES LORÉDAN DE VENISE

EN ALLEMAGNE, DANS LES PAYS-BAS ET EN ARTOIS

Par M. PAGART d'HERMANSART

Secrétaire-archiviste de la Société des Antiquaires de la Morinie
et membre de plusieurs Sociétés savantes.

SAINT-OMER
IMPRIMERIE ET LITHOGRAPHIE H. D'HOMONT
14, rue des Clouteries, 14
—
1886

Extrait du tome XX des Mémoires de la Société des Antiquaires de la Morinie.

Armoiries

de la Famille de Laurétan

LA MAISON DE LAURÉTAN

ISSUE

DES LORÉDAN DE VENISE

en Allemagne, dans les Pays-Bas et en Artois

———

§ 1

Origine et armoiries des Laurétan. — Intérêt que présente leur généalogie.

La généalogie des Lorédan de Venise, devient certaine, à partir de 1080, depuis Marc Loredano. Elle figure en vingt-deux tableaux intitulés : « Arbore della famiglia Loredano » dans le manuscrit d'Alexandre Capellari, connu sous le titre : « Dal Campidoglio » Veneto ossia genealogia delle famiglie Patrizie » Veneziane [1]. » Plusieurs volumes manuscrits, contenant l'origine et la filiation de cette maison, existent aussi au musée civique établi au palais « Fondaco dei Turchi », à Venise.

---

[1] *Le Capitole Vénitien : Sur la Généalogie des familles patriciennes de Venise, par Alexandre Capellari.* Manuscrit de la bibliothèque royale de Saint-Marc, classe VIIᵉ nᵒ 16.

Elle fut placée au rang des familles patriciennes par le Grand Conseil en 1297 ; et un poète italien a dit d'elle :

Lauredana domus, longis exercita bellis,
Fortiter accisas pugnando restituit res,
Extendens longo veteres discrimine metas [1].

Le grand rôle qu'elle a joué n'est pas attesté seulement par l'histoire ; des palais, des tableaux, des sculptures, des médailles rappellent aussi sa haute situation [2].

Ses armoiries existent encore sur divers monuments :

Le « Municipio » ou hôtel de ville actuel [3], est l'un des quatre palais que possédait autrefois la famille Lorédan [4], il présente sur la façade ses armoiries sculptées.

[1] Ces vers placés en tête d'une généalogie que nous possédons, sont attribués à Germain Andebuto, et se trouveraient dans sa « Venetia ». Nous avons en vain recherché ce poëme et son auteur.

[2] Voir particulièrement sur ces points, l'*Histoire de Venise*, par *Ch. Yriarte*, et : *Venise, ses trésors artistiques, par Adalbert Muller*, traduit de l'allemand — *Venise Onguria success. Münster, 1875* pp. 115, 117, 120, 137, 144, 155, 161, 213, 260, 294.

[3] C'est l'ancien palais Loredano san Luca, sur le grand canal. Réuni au palais Farsetti et acheté par la ville en 1868, il forme aujourd'hui le Municipio.

[4] Outre le palais Loredano san Luca, on voit encore aujourd'hui, un palais Loredano sur le grand canal, à gauche, avant le « *campo della carita* » et le pont de fer ; un autre, près le campo s. Stephano ; enfin le palais Ca' Doro, maison d'or, rive droite du grand canal, le plus élégant des palais du style ogival du xive siècle, était, au xvie, la propriété des familles Loredano et Marcello. L'un de ces palais est occupé actuellement par don Carlos.

En montant l'escalier des géants qui conduit au palais des doges, on voit à gauche, sur la façade extérieure sud de l'église Saint-Marc, un médaillon sculpté aux armes des Lorédan. Dans la galerie ouverte, à laquelle on parvient par cet escalier, on aperçoit les mêmes armes qui surmontent une petite porte pratiquée dans la muraille. La frise de la salle du grand Conseil est ornée des portraits des 76 premiers doges ; celle de la salle du Scrutin contient ceux des 37 derniers jusqu'en 1797, on remarque dans leurs cadres :

74ᵉ Leonardus Lauredanus, ab. A. 1501, ad. A. 1521.

83ᵉ Petrus Lauredanus, ab. A 1567, ad. A. 1570.

115ᵉ Franciscus Lauredanus, ab. A. 1572, ad. A. 1762., avec leurs armoiries surmontées du bonnet ducal à cornes.

La deuxième salle, dite des Pourpres (camera de gli Scarletti), aujourd'hui une des pièces consacrées au musée archéologique, établi dans le palais des doges, était autrefois leur chambre à coucher. Au dessus de la porte se trouve un bas-relief de Lombardo, représentant Léonardo Loredano aux pieds de la Sainte Vierge avec trois saints ; sous le piédestal de la Vierge, est placé l'écusson sculpté de la famille.

Toutes ces armoiries sont conformes à la description qu'en donne Capellari :

« Porta uno scudo diviso d'oro e d'azurro con sei
» rose di cinque foglie, forate nel mezo ciœ tre azure
» poste in fascia supra l'oro, e tre d'oro poste due et
» una sopra l'azuro. »

Porte un écusson coupé d'or et d'azur chargé de six roses à cinq feuilles percées au milieu, c'est-à-dire trois d'azur placées de face sur l'or, et trois d'or placées deux et une sur l'azur.

On les retrouve peintes, conformément à cette des-cription, dans un manuscrit de la bibliothèque natio-nale de Paris, fonds italien n° 352 : GÉNÉALOGIE DES MAISONS DE VENISE, « libro primo delli duchi et nobili » de Venetia », p. 19 et 21 au mot : LAUREDANO, p. 106 au mot : LOREDANI, et « libro secondo delli nobili » de Venetia » p. 150.

Moreri, dans son « Dictionnaire historique v° Lon-gueil », dit que les armes des Lorédan sont les mêmes que celles des Longueil (Normandie) ; et il explique cette similitude, en disant qu'une fille de cette maison aurait épousé, avant 1248, un Lorédan. Ce qu'il y a de certain, c'est que les armoiries des Longueil diffè-rent de l'écu des Lorédan, par la partition, les émaux et la position des roses, puisqu'on les lit ainsi : d'azur à trois roses d'argent, au chef d'or chargé de trois roses de gueules.

Nous ne voulons pas ici présenter l'histoire de cette famille, qui a fourni à Venise des doges, des amiraux, des capitaines du golfe, des provéditeurs, des procurateurs de St-Marc, des inquisiteurs d'Etat, des avogadors, des membres du conseil des dix, des sénateurs, des sages, des écrivains, etc., dont les historiens ont retracé la vie [1]. Mais nous désirons parler d'une branche qui se détacha au xv° siècle du

---

[1] Voir spécialement : *De moribus et rebus gestis omnium Ducum Venetorum qui, etc. Historiæ, Petro Marcello.* Francfort 1574. — *Histoire de Venise, Nani B.* Amsterdam 1702 in-12. — *Histoire du gouvernement de Venise par A. Amelot de la Houssaie,* Ams-terdam 1705 in-8° et Lyon 1740, 3 vol. in-12 et supp'. — *Histoire de la République de Venise par le c° Daru,* éd. de 1853 9 vol. in-8°. — *Histoire de Venise par Galibert,* 1 vol. in-8° Paris 1847. — *Histoire de Venise avec gravures par Ch. Yriarte,* Paris 1878.

rameau principal, et forma une maison, dont les membres ont soutenu dignement l'honneur de leur antique origine et de leur illustre parenté avec les doges les plus fameux, et qu'on trouve mêlés à un assez grand nombre d'événements historiques.

Lorsque l'empereur d'Allemagne Frédéric III quitta Rome pour retourner dans ses Etats, après s'être fait couronner le 19 mars 1452 par le pape Nicolas V, il s'arrêta à Venise. A cette époque, Foscari était doge depuis 1423, il avait été élu après ballottage contre Pierre Loredano, le célèbre amiral, et l'ancienne inimitié existant entre les Foscari et les Loredani s'était encore accrue par suite de cette élection. Les deux factions employaient leur influence à se détruire mutuellement. On avait vu, d'un côté, le fils de Foscari mis à la torture et banni, de l'autre, l'amiral Pierre et son frère morts empoisonnés [1], et la nombreuse famille Loredano poursuivie par la haine des Foscari [2]. Aussi deux Loredani, dont la situation était difficile à Venise, forcés de s'expatrier, exilés peut-être même [3], acceptèrent les offres avantageuses de

[1] Le doge Foscari fut accusé de ces empoisonnements ; l'épitaphe inscrite sur la tombe de Pierre Loredano dans l'église Sainte-Hélène, porte : *veneno sublatus ;* il mourut en 1439.

[2] M. Daru, racontant la chute du doge Foscari, en 1457, donne bien la mesure de la haine existant entre ces deux familles, quand il nous représente Jacques Laüredano, qui avait inscrit de sa main, sur son livre de compte, parmi ses créanciers, le doge Foscari, contre qui il croyait avoir à venger la mort de son père et de son oncle, lui portant plus tard lui-même le décret qui le relève de ses fonctions, et écrivant, après sa mort, qui survint le lendemain, sur la page de son registre restée en blanc : « *L'ha Pagata ; il me l'a payée.* » (Livre XVI, nᵒ 19, éd. 1853 t. 2 p. 388).

[3] Nous pensons qu'ils furent bannis après quelque jugement prononcé contre eux, et qu'ils furent rayés du livre d'or de la

l'empereur qui les engageait à l'accompagner en Allemagne, et partirent à sa suite. Ils s'appelaient Jean et Gaspard, étaient frères, et semblent avoir appartenus à la branche descendante de Marchesino Loredano (7° génération depuis l'auteur commun Marc en 1080), ils auraient eu pour grand-père Gaspard (12° génération), de St-Jacques de l'Orio, qui avait contribué, en 1379, pour 300 ducats, à la défense de Venise pressée par les Génois [1].

Gaspard seul eut des descendants, et fut le fondateur d'une nouvelle maison, qui modifia successivement l'orthographe de son nom, suivant les pays qu'elle habita. Nous avons vu qu'en italien il s'écrivait Loredano d'où l'on a fait Lorédan et Lauredano [2], en latin Lauredanus ; on disait aussi Lauretanus ; en Allemagne et dans les Pays-Bas, on prononça Laureten [3], van ou de Laureten ou encore Lauretten, et en France de Laurétan [4]. Ses armes furent les mêmes que celles qu'a indiquées Capellari, et qu'on trouve à Venise. Elles existaient dans plusieurs églises des Pays-Bas, sur des tombes aujourd'hui détrui-

République après ce jugement. C'est ce qui expliquerait pourquoi on ne les trouve pas sur les généalogies existant à Venise.

[1] Le doge Léonard (1501-1521), de la 12° génération comme Gaspard, et le doge Pierre (1567 à 1570), de la 14° génération, descendaient aussi de Marchesino. Ils étaient cousins de la branche séparée en 1452.

[2] Ms de la bibliothèque nat[le] Fonds italien, n° 352, déjà cité, pp. 19 et 21.

[3] Voir plus loin (généalogie, IV) le certificat des échevins de Lierre en 1594, on y lit : *Gaspari Lauretani diciti Laureten.*

[4] On voit encore François de Laureten (IV-3 ci-après) désigné dans l'*Histoire du chapitre d'Arras,* par l'abbé Fanien, sous le nom de « M. de Loret », orthographe conforme à la prononciation flamande du mot : Laureten.

tes, mais on les retrouve encore en Belgique dans la cathédrale de Tournai, où elles sont écartelées de celles des van der Noot, et en France dans l'église N° D° de St-Omer. Elles figurent peintes dans le manuscrit 832 de la bibliothèque de cette dernière ville, intitulé : Recueil d'armoiries et d'épitaphes, f° 24-1641. On les trouve gravées, parmi les armoiries des anciens magistrats de Bruxelles, dans l'histoire de cette cité par MM. Henne et Vauters, Bruxelles, 1845, 3° vol. planche XVI. Philippe Walbert de Laurétan [1] les fit enregistrer à l'Armorial général de France de 1696 ; généralité de Picardie, Artois, St-Omer, p. 46 n° 35 (éd. Borel d'Hauterive), par d'Hozier qui les décrit ainsi : « Coupé d'or et d'azur, à six roses, trois
» en chef et trois en pointe de l'un et l'autre, les
» trois en chef d'azur sur l'or, boutonnées d'or, et
» les trois d'or sur l'azur boutonnées d'azur, celles
» de la pointe posées deux et une. » Celles de son fils Léonard-Balthazar I°r du nom, grand bailli d'Audruicq, se trouvent dans le même ouvrage, p. 50 n° 76 : « Coupé d'or et d'azur, à six quintefeuilles,
» trois en chef et trois en pointe de l'un et l'autre,
» celles du chef rangées, et celles de la pointe po-
» sées deux et une. » De plus elles sont peintes dans le manuscrit de d'Hozier vol. 26 p. 284, et vol. 12 pp. 555 et 685. Ce sont ces mêmes armes, bien conformes à celles des Vénitiens leurs aïeux, dont l'indication fut fournie dans les procès-verbaux dressés en 1753, des preuves de noblesse de Pierre-François-Louis, Jean-Baptiste-Cyprien et Louis-Charles-Joseph-Hubert de Laurétan, agréés par le Roi pour être admis au nombre des gentilshommes que Sa Majesté

---

[1] Voir plus loin v° degré.

faisait élever dans les écoles royales militaires [1]. Elles étaient surmontées d'une couronne comtale, et supportées par deux lévriers.

Cette maison compte 16 officiers, dont 6 tués à l'ennemi : Jean Lauredano en 1474 au siège de Neuss [2], Gaspard van Laureten en 1482 à celui d'Hasselt [3], Servais, fils de Servais, le 19 août 1576 [4], par les Allemands ; Pierre, gouverneur de Bapaume, qui avait capitulé avec les honneurs de la guerre en 1641, tué à Rocroi en 1656 [5], Léonard-Pie, au siège de Valenciennes en 1656 [6], et Philippe-Jacques-Walbert de Laurétan sous Louis XIV [7].

On les voit au service de l'empereur d'Allemagne, des évêques de Liège et de Cologne, de Charles-Quint, des gouverneurs des Pays-Bas et des rois de France, combattre en Allemagne, dans l'évêché de Liège, le comté de Looz, en Frise, dans la Gueldre, dans les Pays-Bas, en Flandre, en Alsace et en Espagne ; l'un d'eux est déjà à Lens à l'âge de 14 ans ; une de leurs dernières descendantes, héritière de leurs instincts guerriers, revêt des habits d'homme, et purge de

[1] Bibl. nat. Cabinet des titres, procès-verbaux de noblesse des élèves des écoles royales militaires. Artois et Brabant Autrichien, 17 nov. 1753 n° 4599. — Voir aussi les *carrés de d'Hozier*, vol. 377 et *collection Chérin*, vol. 18 n° 2432. — Nous citerons souvent ces mss. à l'appui de notre travail. — L'armorial général de Rietstap donne v° Lauretten, des armoiries inexactes : d'azur à 3 roses d'or, au chef du même, chargé de trois roses du champ.
[2] Généalogie I.
[3] id. id.
[4] — II-4° A.
[5] — V.
[6] — V-1°.
[7] — VI-7.

loups le pays de Brédenarde [1] ; et dans les temps modernes, Léonard-Balthazar se distingue dans la guerre d'Espagne en 1823 [2]. Ils comptent dans leurs rangs cinq chevaliers de St-Louis, deux chevaliers de N° D° du Mont Carmel et de St-Lazare de Jérusalem, un officier de la légion d'honneur, et un chevalier de l'ordre de saint Ferdinand d'Espagne. Ceux des Laurétan qui sont dans les ordres même, témoignent aussi de l'énergie et de l'esprit aventureux de leur race. Tels sont le prévôt du chapitre d'Arras, qui fait partie des défenseurs de cette ville en 1640, et son frère, chanoine, chassés tous deux par les vainqueurs pour leur fidélité au roi d'Espagne [3]. Ils fournissent encore à l'église quatre chanoines, un religieux, et plusieurs religieuses ou chanoinesses de divers ordres.

Dans le conseil, aussi bien que dans l'action, ils sont remarquables ; pendant deux siècles, ils occupent de hautes positions dans le comté de Looz ; Balthazar fait partie du magistrat de Lierre, et rend de grands services à une époque de troubles [4] ; 21 fois échevin à Bruxelles, il fait entrer sa maison dans un des sept lignages nobles de cette ville, et donne un nouveau lustre à sa famille par sa sagesse dans les discordes civiles. En France, grands baillis héréditaires d'Audruicq, ou mayeurs de St-Omer [5], ils sont dignes de ces magistratures ; et Pierre-François-Louis, dernier mayeur de cette ville, en même temps que son premier maire, poursuivi par la haine

[1] Branche de Zutkerque IX.
[2] Rameau de Cauchy VIII-3.
[3] IV-1 et 2.
[4] IV. V. Certificat en latin du 16 mars 1594.
[5] Branche d'Audruicq VII, IX, et Rameau de Cauchy VIII.

populaire pour avoir fait respecter plusieurs fois l'ordre public, est obligé de fuir à l'étranger pour sauver sa tête ; puis saisi comme émigré, il tombe, victime de nos discordes civiles, et montre jusqu'à sa dernière heure un courage héroïque [1].

Le sang versé, la carrière militaire, l'exercice des hautes magistratures ne leur procurent cependant pas de brillantes faveurs. Longtemps écuyers, puis chevaliers à la fin du xvie siècle, ce n'est qu'au déclin du xviiie qu'on voit une branche porter le titre de comte. Ils s'allient aux principales familles des pays qu'ils habitent, et c'est de leurs femmes que leur proviennent presque tous leurs fiefs et toutes leurs seigneuries ; car leur fortune personnelle n'est pas grande, et, au siècle dernier, leurs fils sont élevés dans les écoles royales militaires, et leurs filles au noble couvent de la Sainte famille de Lille [2].

Telle est, à grands traits, l'histoire de la maison de Laurétan, éteinte aujourd'hui [3]. Nous pensons

[1] Branche d'Audruicq IX *secundo*.

[2] *La Sainte et noble famille de Lille* 1686-1793, par le c[te] de Fontaine de Resbecq. (Bon *de la Com[on] hist du dép[t] du Nord,* t. 12 p. 25). C'était un établissement créé à Lille, dans le but d'élever les jeunes filles nobles et pauvres d'Artois, de Flandre et du Hainaut français. L'auteur mentionne la tradition relative à l'origine vénitienne de la famille de Laurétan.

[3] Ainsi qu'il résulte de la généalogie qui suit, la descendance des Laurétan par les femmes ne se continue plus que dans deux familles issues de la branche d'Audruicq (IX et X *secundo*), et dans la maison d'Alcantara (IV-2, A a). Au contraire. il existe encore à Venise, des descendants directs des Lorédan, qui ont fait reconnaître leur noblesse sous la domination autrichienne (*Répertoire généalogique des familles nobles des provinces vénitiennes et de leurs titres de noblesse rédigé par François Schroder, secrétaire de l'État —* Venise *typ. d'Alvisopoli 1830).* Ils ont reçu, le 24 juillet 1820, le titre de comte de l'empire Autrichien.

qu'il n'est pas inutile de donner maintenant une généalogie de cette famille [1]. Si en effet, il y a toujours
quelque attrait, pour les cœurs bien placés, à feuil-
leter les annales d'une race honorable et vaillante,
on trouvera, de plus, dans cette étude, quelques détails qui intéressent l'histoire d'un certain nombre de
villes, soit des Pays-Bas, soit de la province d'Artois
et de la ville de Saint-Omer en particulier.

[1] La Bibliothèque Royale de Bruxelles possède sur la famille
van Laureten ou de Laurétan, les manuscrits suivants, qui ne
contiennent que des fragments généalogiques :
— Ms 21.753, p. 277.
— Ms 751 du fonds Gœthals, intitulé : Recueil généalogique
et héraldique des Maisons nobles de la Flandre, Brabant, Hainaut, Artois, Namurois, et autres provinces, composé par
E. Hellin, chan. et Écol : de la cathédrale de S¹ Bavon à Gand,
et notaire apostolique, 1789 — Pages 70 à 74.
— Ms 812 du même fonds (Hellin in-4° t. 11 pp. 230-232).
— Portefeuilles 959 et 1055 du même fonds.

Généalogie.

I. Gaspard LAUREDANO ou VAN LAURETEN [1], né
à Venise vers 1422. Il suivit, avec son frère JEAN,
l'empereur d'Allemagne Frédéric III, lorsque ce
prince passa à Venise, après s'être fait couronner à
Rome le 19 mars 1452. D'une famille noble et illustre,
habitués au maniement des armes, les deux frères
prirent une place honorable à la cour de l'empereur,
servirent dans ses armées, commandèrent ses troupes, et se distinguèrent par leur bravoure.

Ils assistèrent, en 1473, à l'entrevue de Trèves [2],
entre Frédéric III et Charles-le-Téméraire, et restèrent
en garnison dans le pays, pour soutenir l'évêque de

[1] Nous avons adopté l'orthographe : *Laureten,* bien qu'on
rencontre dans plusieurs ouvrages imprimés : *Lauretten ;* les
titres de la famille, le certificat des échevins de Lierre mentionné ci-après, diverses pierres tombales, les légendes placées
sous les portraits, divers ouvrages et documents ne présentant
qu'un seul *t.*

[2] Sur l'entrevue de Trèves voir : *Anquetil : histoire de France*
t. 4 p. 299. — *Devez : Histoire du pays de Liège* 2 vol. Bruxelles
1822. — *Chronique en latin de Jean de Los,* 1455 à 1505. — *Chronique relative aux troubles du pays de Liège sous les princes évêques
Louis de Bourbon et Jean de Horne,* éditée par de Ram, Bruxelles
1844, in-8°, coll^{on} des chroniques belges inédites.

Liège, Louis de Bourbon [1], que l'empereur avait rétabli dans ses droits.

Lorsque le duc de Bourgogne assiégea, avec des forces considérables, la ville de Neuss [2], dans l'électorat de Cologne, Hermann, fils du landgrave de Hesse, s'enferma dans la place qu'il défendit vaillamment. L'intervention de Charles-le-Téméraire dans les affaires d'Allemagne, motivée sur les différends qui divisaient l'archevêque électeur de Cologne [3] et ses sujets, déplut à l'empereur, qui envoya Jean Laureten à la tête de cinq cents fantassins, pour défendre Neuss, en qualité de lieutenant d'Hermann. C'est dans l'un des combats livrés sous les murs de cette forteresse que Jean Laureten fut tué en 1474.

Il fut enterré dans la grande église de Neuss, au côté droit du maître autel, avec une épitaphe rappelant son origine vénitienne ; la pierre tombale, deux fois détruite, fut rétablie en 1595 par ses petits-neveux, descendants de son frère Gaspard, dans les termes suivants, et avec les armes de sa maison en chef :

DEO. OPT. MAX.

Generoso fortique viro JOANNI LÁURETANO claris-

---

[1] Louis de Bourbon, 83ᵐᵉ évêque, fils de Charles et d'Agnès, fille de Jean sans Peur, duc de Bourgogne. — *Devez, loc cit.* t. 2 p. 76.

[2] Sur le siège de cette ville, voir : la *Chronique de Jean de Los,* déjà citée, p. 70.

[3] Robert, fils de Louis le Barbu, électeur palatin, élu archevêque de Cologne en 1463, déposé en 1473 par le Chapitre, qui nomma provisoirement Herman de Hesse, fils du landgrave Louis I, administrateur de l'archevêché. La ville de Neuss s'était révoltée contre Robert, et les habitants avaient massacré les chefs de l'armée de l'archevêque qui appela à son secours Charles le Téméraire.

sin.â nobilissimâque VENE1UM LAURETANORUM
familiâ orto, qui, dùm Cœsaris Frederici III partibus
obnoxius faveret, eumque, cum fratre suo GASPARDO
LAURETANO, à patriis laribus, in GERMANIAM esset
secutus, obsessâ tandem à Carolo, Burgondio Brabentiœ
Duce, NUCŒA oppido, cum auxiliariis quingentorum
virorum copiis, ab ipso imperatore, HERMANNO, Lant-
gravio Hessiœ, in subsidium est missus : ibidem fortiter
pugnendo cadens pro fidœi suœ arris vitam cum sanguine
fudit.

Ex fratre suo GASPARDO nepotes Belgœ tertium, jàm
demolitam memoriam olim gloriœ positam merito restau-
randam curarunt. Anno MDICV.

Cette épitaphe a de nouveau disparu [1].

Gaspard fut tué à son tour le 9 août 1482, veille de
S. Laurent, en défendant contre le fameux Guillaume
de la Marck, dit le sanglier des Ardennes, la petite
ville forte d'Hasselt, dans le comté de Looz [2].

Il avait épousé à Hasselt, N... VAN DER HUEFFELDT,
veuve de *van der Hoeven*. Son nom italien fut dès lors
mis en harmonie avec les noms propres de la noblesse du pays où il s'était fixé, et il le fit précéder
du terme : *van*.

De ce mariage naquirent trois enfants :

1° Servais VAN LAURETEN, *qui suit*.

2° Christophe VAN LAURETEN, écuyer, qui épousa
Oda GELAESMAKERS, née à Hasselt, d'où un fils :

    A. Henri VAN LAURETEN, écuyer.

---

[1] M. le curé de Neuss nous a écrit en 1884, que cette pierre
avait sans doute disparu lors d'une restauration faite à l'église
il y a quelques années. Ce serait la troisième fois que ce monu-
ment aurait été détruit.

[2] L'évêque Louis de Bourbon fut tué quelques jours après.
(*L'Art de vérifier les dates*, t. 3, p. 154 et *Chronique de Jean de
Los.*)

3° Catherine van Laureten.

II. Servais VAN LAURETEN, écuyer, fils aîné de Gaspard et de N... van der Hueffeldt, né à Hasselt en 1475, mort le 29 décembre 1532, écoutête [1] d'Hasselt en 1502, et trésorier-général du comté de Looz en 1506 [2].

Il épousa :

En premières noces, Elisabeth Kock, fille de Melchior, directeur des monnaies du prince-évêque de Liège, dont il eut :

1° Catherine van Laureten, mariée à Martin van Brandenborch.

En secondes noces, en 1503, Anne van Hinnisdael, fille de Herman, écuyer, et de Marguerite *van Tille*, qui mourut à Hasselt le 13 mai 1528.

De ce second mariage sont issus dix enfants :

1° Gaspard van Laureten, *qui suit*.

2° Herman van Laureten, à qui Erard de la Marck, 84me évêque de Liège, donna, en 1516, une prébende ecclésiastique, attachée au titre de chanoine de Looz, en récompense des services de son père. Les lettres patentes portent en effet : « Propter tuorum proge- » nitorum et parentum laudabilia merita, conferimus » Hermano van Laureten prebendam Lossensem. »

3° Marguerite van Laureten, qui épousa Arnould van Eelsraeck, d'où trois enfants :

A. Servais van Eelsraeck, né à Hasselt le lendemain de la Fête-Dieu 1538.

B. Anne van Eelsraeck, professe au couvent fermé de Brée le 16 juin 1560.

[1] *Ecoutête*, synonyme d'amman à Bruxelles, de mayeur ou grand bailli ailleurs.

[2] Ces charges furent occupées par plusieurs de ses descendants.

C. Alcyde van Eelsbaeck, épouse de Grégoire Gielkens, d'où :

> a. Servais Gielkens, né à Hasselt le 21 avril 1573.

4° Melchior van Laureten, écuyer, né en 1507, trésorier-général du comté de Looz, échevin d'Hasselt, décédé le 24 juin 1569, marié à Catherine Nuens, fille de ... Nuens, écoutête et de N...*Merven,* qui lui donna six enfants :

> A. Servais van Laureten, écuyer, trésorier-général du comté de Looz, à Hasselt, après son père, tué le 19 août 1576, dans un combat contre les Allemands.
>
> B. Arnould van Laureten, baptisé à Hasselt le 10 août 1546, mort le 23 avril 1599, trésorier-général après son frère. De sa femme Jeanne van Elderen, il eut deux enfants :
>
>> a. N... van Laureten, décédée à onze ans.
>>
>> b. Melchior van Laureten, né le 19 août 1594, échevin d'Hasselt en 1638, marié à N...
>
> C. Henri van Laureten, écuyer, baptisé le 22 septembre 1550 à Hasselt, et décédé en bas-âge.
>
> D. Melchior van Laureten, écuyer, baptisé à Hasselt le 14 août 1552.
>
> E. Anne van Laureten, mariée le 1er octobre 1559, à Hasselt, à Pierre Stoters, d'où :
>
>> a. Barthélémy Stoters, né à Hasselt le 7 mars 1566.
>
> F. Agathe van Laureten, qui épousa le 22 novembre 1575 Guillaume van Puthem.

5° Balthazar van Laureten, religieux profès à l'ab-

baye d'Everboëde, curé de Melle, décédé le 23 octobre 1551 à l'abbaye d'Oostmalle.

6° Elisabeth VAN LAURETEN, religieuse au couvent
d'Hasselt, morte le 12 août 1561.

7° Anne VAN LAURETEN.

8° Sigobert VAN LAURETEN, écuyer, décédé à Middelbourg le 13 décembre 1572, époux de Catherine
N..., d'où :

    A. Jean-Servatius VAN LAURETEN, écuyer, né à
        Hasselt le 10 août 1546.

9° Erard VAN LAURETEN, écuyer, marié à Anne VAN
ECKE, d'où :

    A. Suzanne VAN LAURETEN, morte de la peste à
        Lierre le 11 juillet 1579, inhumée au cou-
        vent des sœurs noires.

10° Arnoud VAN LAURETEN, écuyer.

Ainsi, depuis Servais van Laureten, fils du vénitien Gaspard Lauredano, devenu écoutête d'Hasselt
en 1502, puis trésorier général du comté de Looz,
ces dernières fonctions passèrent à Melchior, son
fils, puis à Servais et à Arnould, ses petits-fils ; et,
en 1638, Melchior comptait encore au nombre des
échevins d'Hasselt.

Mais Gaspard van Laureten, l'un des dix enfants
du second mariage de Servais, quitta le pays, et nous
allons le suivre à Lierre et à Bruxelles, en Brabant.

III. Gaspard VAN LAURETEN, dit LE PIEUX, écuyer,
fils du précédent et de demoiselle van Hinnisdaël, né
à Maestricht en 1504, mort à Lierre le 3 novembre
1579.

Entré au service de l'empereur Charles-Quint,
comte de Flandre et d'Artois, comme homme d'armes,
avec trois chevaux, il aida ce souverain à s'emparer

en 1538, de la Frise, puis de la Gueldre, et combattit notamment à Hartten, Haerderwyck, Ellebrecht, Thielt, etc. Il devint capitaine de trois cents têtes d'infanterie wallonne [1].

Seigneur de Grevenbrouck, il s'y établit d'abord, puis en 1531, il alla habiter le château de Vorsselaër ; et, en 1533, il était drossart [2], trésorier, lieutenant et châtelain de Vorsselaër, Réthy et Lichtert, puis il devint drossart de Sevenborgen.

Il épousa : en premières noces à Grevenbrouck, le 27 janvier 1527, demoiselle Marie VAN CORTTERS-CHEM, fille de Jacques, écuyer, drossart et châtelain de Grevenbrouck, et écoutête de Nederpeelt, et de demoiselle Odilie *Burghers* [3]. Elle mourut à Lierre le 21 mai 1547, et fut inhumée dans l'église de cette ville ;

En secondes noces, le 25 janvier 1551, style de Liège, à Brecht, Anne VAN DER NOOT, dame d'Ossendrecht, née à Brecht le 28 décembre 1516, morte à Bruxelles le 7 octobre 1596, fille de messire Adrien, chevalier du Saint-Sépulcre, patricien de la lignée des *Sleeuws*, l'un des sept lignages nobles de Bruxelles, et de dame Justine *Daens* [4]. Le contrat de mariage fut passé au château de Brecht le 21 janvier 1550, style de Brabant, ou 1551 style de Liège, par devant Me Henri Verdonck, prêtre notaire apostolique et public, admis au conseil de Brabant, résidant à Herenthals.

[1] C'est-à-dire levées dans la partie de la Flandre située à l'ouest de la Lys, qui limitait la Flandre teutone ou flamande.
[2] La Drossarderie était une circonscription territoriale, comme un bailliage, mais gouvernée par un Drossart.
[3] Contrat de mariage passé à Hasselt le 12 décembre 1526.
[4] Acte de partage du 3 décembre 1557, devant les échevins, des biens des époux van der Noot-Daens, entre leurs enfants.

Le portrait de Gaspard van Laureten, dit le pieux, que nous possédons, présente au bas ses armoiries accolées à celles de sa seconde femme [1] et la mention suivante : « Fut capitaine de trois cents têtes » d'infanterie wallonne, mort à Lierre en Brabant en » 1587, avait épousé mademoiselle de Corterschem » dont il eut douze enfants, et en secondes noces » mademoiselle de van der Noot. »

Il eut du premier lit douze enfants :

1° Anne VAN LAURETEN, née le 13 janvier 1528 à Grevenbrouck, baptisée à Achel, mariée le 31 août 1554, dans la chapelle du château de Vorsselaër, à Laurent VAN DER LOYE, dit Rycx, habitant Anvers, et originaire de Zélande. Son fils Richard épousa Hélène VAN DEDEM, et fut le père d'Anne VAN DER LOYE qui s'allia à Hambourg à Joachim TRANSŒUS, conseiller du duc de Lunebourg, inspecteur des troupes du roi de Danemarck en 1629.

2° Odilie VAN LAURETEN, née à Grevenbrouck le 28 octobre 1529, reçue religieuse à l'abbaye et hôpital d'Herckenrode le 6 juillet 1544, et décédée en 1612.

3° Corneille VAN LAURETEN, écuyer, né le 19 mars 1531, mort à Lisbonne le 22 juillet 1553.

4° Gaspard VAN LAURETEN, écuyer, né le 2 novembre 1532, bachelier ez-lois, écoutête de Sevenberghen, marié à Anne SCHAEY d'Amsterdam, qui a laissé une fille, Anne, baptisée à Anvers le 27 août 1571.

5° Barbe VAN LAURETEN, née le 10 février 1533, à Vorsselaër, mariée à Lierre le 17 novembre 1573 à Pierre DES MARTINS, écuyer, fils de François et

[1] Nous avons déjà dit qu'elles figuraient aussi planche XVI des armoiries des anciens magistrats de Bruxelles, *Histoire de Bruxelles*, par MM. Henne et Wauters.

d'*Adrienne de St-Vaast.* Leur fille unique, Adrienne, née à Lierre le 4 décembre 1574, épousa Jean DE FLINES, conseiller et procureur général du roi au bailliage de Tournai, dont les descendants ont occupé de hautes fonctions judiciaires au parlement de Flandre.

6° Marie VAN LAURETEN, née le 25 juillet 1535, religieuse au couvent d'Herenthals.

7° Jacqueline VAN LAURETEN, née le 27 décembre 1536, religieuse à Achel.

8° Jacques VAN LAURETEN, né le 15 mars 1538, mort le 7 août 1539, enterré dans l'église paroissiale à Ouwen.

9° Félix VAN LAURETEN, né le 8 mars 1540, mort à Tille le 14 septembre 1541.

10° Servais VAN LAURETEN, né le 13 mars 1541, a voyagé en Espagne.

11° Jacques VAN LAURETEN, écuyer, né le 11 décembre 1543, maître ès arts de l'université de Louvain en 1565, mort échevin de Maestricht le 12 décembre 1606, enterré dans l'église paroissiale de St-Jean-Baptiste. Il avait épousé, à Bruges, Agnès JOYEUX, dont il n'eut pas d'enfant.

12° Adrien VAN LAURETEN, écuyer, né le 25 novembre 1545, décédé le 26 avril 1559, enterré dans l'église de Vorsselaër, sous une pierre bleue avec armoiries.

Les trois enfants que Gaspard van Laureten eut de sa seconde femme Anne van der Noot, sont :

1° Adrien VAN LAURETEN, écuyer, né le 12 avril 1552, mort le 30 mai de la même année, inhumé devant l'autel de N. D. en l'église de Vorsselaër.

2° Jean VAN LAURETEN, écuyer, né le 8 juillet 1554, mort le 12 novembre 1559, inhumé au même endroit.

3° Balthazar van Laureten, *qui suit*, et qui seul a continué la descendance.

IV. Balthazar VAN LAURETEN, écuyer, seigneur de Hoovorst et de Molenbesoule [1], né à Vorsselaër le 12 juillet 1555, mort à Bruxelles en décembre 1645, à l'âge de 90 ans.

Il habita pendant plusieurs années Lierre, fit partie du Magistrat (senatorio) de cette ville, et y rendit de grands services à une époque de révolution et de troubles. C'est ce que prouve un certificat délivré le 16 mars 1594 par les échevins de la ville de Lierre :

Nos scabini consules que Oppidi Lirani, omnibus et singulis presentes litteras visuris, seu legi audituris, notum facimus et attestamur, ad requisitionem domicelli Balthazari de Laureten, filii legitimi quondam nobilis ac egregii viri domicelli Gaspari Lauretani, diciti Laureten [2], satrape dùm viveret territorii ac dominiorum de Vorsselaer, et insignis pietate matrone domicelle Anne Van-der Noot, domine temporalis in Ossendrecht, verissimum esse nobis que certo constare prenominatum dominum Gasparum Lauretanum, et ejus conthoralem pretactam, plurimos annos commoratos esse nobiscum, se se que laudabiliter gessisse more rituque nobilium in predicto oppido Lyrano, ubi etiam dictus dominus Gasparus ante annos circiter sexdecim extremum obiit diem ; quemquidem dominum Gasparum, ejusque uxorem, necnon prenominatum domicellum Balthazarum Lauretanum, ipsorum filium legiti-

---

[1] Fiefs achetés par son père Gaspard, savoir : celui de Hoovorst suivant contrat notarié du 21 mai 1593 passé en flamand à Bruxelles ; celui de Molenbesoule suivant acte notarié passé en français dans la même ville le 12 décembre 1591.

[2] Nous avons déjà signalé au § I ces deux manières d'écrire et de prononcer le nom.

mum, semper cognovimus, habuimus ac reputavimus (prout etiam habemus ac reputamus dictum dominum Balthazarum) bonos, probos, honestos et catholicos, Regiœque Majestatis Hispanorum sinceros fides ac obeidentes subditos.

Attestamur preterea, quod pronominatus dominus Balthazarus semper, et prœcipue toto tempore quo fuit in numero senatorio in hoc oppido Lyrano, multùm laudabiliter graviter ac honestè se gesserit, optimèque ergà rempublicam sit meritus, ac sœpiùs legationes et negotia ardua Communitatis nomine subiverit, miràque dexteritate, industrià et diligentià confecerit et expediverit; adeo ut eumdem dominum Balthazarum dignissimum et maximè idoneum judicemus, qui tuto magnis arduisque rebus prefici possit, omni malo, dolo, frandeque seclusis. In quorum omnium et singulorum fidem ac testimonium, nos scabini consulesque oppidi Lyrani pretacti, ejusdem sigillo ad causas, prœsentes litteras jussimus, ac fecimus communiri.

Actum anno millesimo quingentesimo nonagesimo quarto, mensis martii die decimo sexto.

Signé : Van Postel et scellé [1].

De 1595 à 1608, Balthazar remplit les fonctions de drossart, châtelain et stathouder du pays de Witthem.

Cependant lorsqu'Alexandre Farnèse, duc de Parme, eut réprimé la révolution plébienne de 1580, et rétabli les lignages à Bruxelles [2], Balthazar van

---

[1] Ce certificat se trouve dans le procès-verbal déjà cité, dressé le 17 novembre 1753 par d'Hozier de Serigny, juge d'armes de la noblesse de France, des preuves de la noblesse de Pierre-François-Louis de Laurétan, agréé par le roi pour être adressé à l'Ecole militaire. (Artois et Brabant autrichien 1753 n° 4599 ms Bibl. nat.)

[2] L'échevinage à Bruxelles étant dans le principe donné à titre viager, les fonctions d'échevins, ou de magistrats de la ville, se conservèrent dans quelques familles les plus influentes de la commune, et par des modifications insensibles, la classe supérieure de la bourgeoisie se fractionna en autant de *Ligna-*

Laureten se fit admettre en 1588 parmi les seigneurs du lignage des Sleuws, auquel il appartenait par sa mère. Aussi, après avoir été élu en 1589, par le Magistrat de Bruxelles, doyen des nobles dans la chambre et ressort de la confrérie de la Draperie [1], il fut porté sur la liste dressée par les lignages, des candidats aptes à être désignés comme échevins patriciens. Il fut nommé 21 fois échevin, savoir : le 21 août 1589, le 21 juillet 1590, en 1594, 1595, 1596, 1597, 1610, 1612, 1613, 1617, 1619, 1623, 1625, 1628, 1629, le 12 juillet 1630, en 1631, 1632, le 3 octobre 1635, en 1637, et le 15 septembre 1638 [2]. Il fut en outre trésorier en 1595, 1596, 1612, 1613, 1630 et 1631, et surintendant du rivage le 23 juin 1620 et le 3 juillet 1640 [3]. Le 30 mars 1624, l'infante Isabelle-

ges ou familles qu'il y avait d'échevins. (Histoire de Bruxelles par MM. Henne et Wauters t. 1 p. 20). — « A Bruxelles et dans » toutes les principales villes du Brabant, les Patriciens ou » bien nés étaient au premier rang de la bourgeoisie. Partagés » en sept lignages, qui avaient de droit chacun son représentant » dans le conseil dirigeant de la cité, ils dominaient à la fois » par l'éclat de leur race... par leurs richesses... par le manie- » ment des armes. » (Même histoire, t. 1 p. 49). — Voir dans le même ouvrage les modifications successives de l'institution de l'échevinage, et t. 2 p. 3, le rétablissement des lignages par le duc de Parme en 1585, ainsi que des détails sur le Magistrat, p. 509.

[1] La gilde de la draperie, née à une époque inconnue, formait une classe intermédiaire entre les lignages et les métiers.

[2] *Histoire de Bruxelles*, déjà citée. Liste des échevins t. 3, p. 541 à 547, et pl. XVI, armoiries gravées déjà indiquées § 1.

[3] *Trophées du Brabant*, par Butkens, La Haye 1724, t. III liv. IX ; listes des échevins et des superintendants du rivage de Bruxelles, p. 456 à 473. Dans ces listes, on voit écrit tantôt *van* tantôt *de* Lauretten. — Voir aussi *Recueil général des familles originaires des Pays-Bas*, par Colonia, *Rotterdam, 1775-1778*, 2 vol. in-8°.

Claire-Eugénie, fille de Philippe II, gouvernante des Pays-Bas, lui avait donné, ainsi qu'à Louis van den Winchelbe, une commission à l'effet de visiter les prisons de Bruxelles.

Le 30 août 1585, il avait épousé à Cologne, demoiselle Majora XIMENÈS DE LÉON [1], fille de François, chevalier, décédé à Anvers en 1560 et de Marie *Ortiz* [2]. François Ximenès était né à Middelbourg, en Zélande, et avait été créé chevalier, pour lui, ses enfants et descendants de l'un et l'autre sexe, à l'infini, par lettres patentes de l'empereur Charles-Quint du 14 janvier 1549, rédigées en latin et contenant ce qui suit : « Filios tuos legitimè natos et nascituros,
» eorumque hœredes et descendentes utriusque
» sexus in infinitum legitimè, Nobiles Militares feci-
» mus, creavimus et ereximus, militiæque nobili-
» tatis titulo clementer insignavimus, ac -tenore
» præsentium facimus, creamus, eregimus, attoli-
» mus et insignimus [3]. »

---

[1] Contrat de mariage en flamand du 30 août 1585 par devant Gilles Verbreken, prêtre et notaire public à Cologne.

[2] D'après la *Généalogie de la famille Colonna, Amsterdam in-f°*, Marie Ortiz était fille d'Alphonse Ortiz et d'Isabelle Segura.

[3] Un document du xvii° siècle, conservé dans le portefeuille 959 du fonds Gœthals à la Bibliothèque Royale de Bruxelles, porte, à côté des noms de Balthazar van Laureten et de sa femme, la mention suivante : « Militia pro francisco Zimenez
» de Leon Midelburgen, cum nob", datum in oppido nostro
» bruxellensi, die decima quarta mensis januarii, Anno mille-
» simo quingentesimo quadragesimo nono, Imperii nostro vige-
» simo nono, et Regnorum nostrorum trigesimo tertio. » Il semble que ce soit en vertu de cet anoblissement que les descendants de Balthazar van Laureten et de demoiselle Ximenés de Léon ont porté le titre de chevalier. Cependant Marc Loredano, ancêtre de Marchesino, et par conséquent des Laurétan, avait été nommé chevalier par le pape Alexandre VI dès 1260,

Dans le portrait que nous avons de lui, Balthazar
van Laureten est représenté revêtu du costume
d'échevin, en robe de satin rouge garnie de four-
rures, collerette tuyautée, barbe longue et pointue.
Au bas est écrit : « Issu des sept familles patriciennes
» nobles de Bruxelles, fut échevin en 1589, 1590,
» 1591, 1594 et 1610. Magistrat sage et philosophe
» ennemi de la discorde, zélé pour le repos public, a
» été uni à noble demoiselle Majora de Ximenès de
» Léon. » Viennent ensuite leurs armoiries, accolées
sous une couronne comtale. Ses descendants rappel-
leront aussi qu'ils sont issus d'une famille patri-
cienne de Bruxelles, comme lui-même, en restaurant
l'épitaphe de son ancêtre à Neuss [1], avait soin d'in-
diquer son origine vénitienne.

De son union avec demoiselle Ximenès de Léon
étaient venus huit enfants :

1° Messire Gaspard van Laureten, baptisé à Lierre
le 6 juin 1587, mort à Tournai le 11 octobre 1648.
Licencié ès-lois et chanoine de la cathédrale d'Arras,
il fut ensuite nommé par le roi d'Espagne, prévôt du
chapitre [2] le 23 juin 1637, et fut le 53° prêtre revêtu
de cette dignité. Il contribua vigoureusement à la

avant que sa famille eût été placée au rang des familles patriciennes de Venise.

[1] Epitaphe citée plus haut (I) de Jean Lauretano *(Venetum
Lauretanorum familia orto)* rétablie en 1595 par ses neveux :
(Nepotes belgæ).

[2] La prévôté d'Arras était la première dignité de l'ancienne
cathédrale après celle de l'évêque. Le prévôt avait la première
stalle au chœur et la plus distinguée ; c'était la place que pre-
naient les princes régnants, ou ceux de leur sang, quand ils
paraissaient dans la cathédrale. Aussi était-il censé tenir la
place du roi qu'il ne cédait à personne, pas même au gouverneur de la province dans les cérémonies publiques. Il était aussi

défense d'Arras en 1640, et figura parmi les signataires de la capitulation du 9 août 1640[1]. Le rôle qu'il avait joué, ainsi que son frère le chanoine, pendant qu'un autre de ses frères (v. V ci-après) combattait dans les rangs des Espagnols, la haute situation de son père à Bruxelles, et la fidélité de sa famille au roi d'Espagne, devaient le désigner à la vengeance des vainqueurs, et il fut expulsé d'Arras. Il se retira d'abord à Douai, et fut investi d'un canonicat, et ensuite de la dignité d'archidiacre-major à Tournai[2]. Il mourut le 11 octobre 1648. Il fut enterré dans la cathédrale, derrière le chœur, où on lit encore son épitaphe, portant en chef les armes des Laurétan, écartelées de celles des Van der Noot :

« Gaspar van Laureten, è patriciis Bruxellensibus, præpositus Atrebatensis ob seruatam sanctè regi fidem à Gallis pulsus, Duaci primum sedis vacantis aliquot annis vicarius, post, archidiaconus et canonicus Tornacensis, à rege catholico renuntiatus, mox immaturo funere extinctus, decessit die XI octobris MDCXLVIII. Hic situs est. »

le chef de la justice temporelle du chapitre. (*Courrier du Pas-de-Calais du 17 janvier 1841*, cité par M. d'Héricourt, dans son ouvrage : *Les sièges d'Arras, Paris 1845*, p. 220 et 221.)

[1] *Les sièges d'Arras*, déjà cité ; on y voit le rôle du prévôt de Laurétan ou van Lauretten, et le texte de la capitulation d'Arras, qui se trouve aussi à la fin du mss. 886 de la Bibliothèque publique de Saint-Omer.

[2] Dans son ouvrage : *Histoire du chapitre d'Arras, Arras 1868, Rousseau-Leroy*, l'abbé Fanien parle, p. 379, de Gaspar van Laureten. Mais il dit, p. 392, que ce dignitaire fut remplacé l'an 1648 par le chanoine Cornaille, nommé par Louis XIV. Cela est exact, en ce sens qu'il fallut attendre la mort de l'ancien prévôt pour le remplacer, mais, en fait, la prévôté était restée vacante depuis que Gaspar de Laurétan avait été chassé d'Arras en 1640.

2° Philippe van Laureten, né le 6 mai 1588, qui épousa Anne van der Beken, dont il eut :

> A. Thérèse de Laureten, née le 22 décembre 1645, mariée à Mons le 3 janvier 1672, à Louis-François d'Alcantara, surnommé Pierre par la confirmation, mestre de camp, lieutenant-gouverneur de la province et ville de Luxembourg, fils de Pierre, gouverneur de Lierre, le premier de sa maison qui s'établit dans les Pays-Bas, et de Catherine *van der Dilft*, mort à Luxembourg le 1er avril 1701, et inhumé, avec sa femme, dans le chœur de l'église de St-Nicolas, où l'on voit leur mausolée, orné des écussons, du manteau princier, etc. [1], dont un fils :
>
>> a. Joseph-Bernard d'Alcantara, qui continue la descendance.

3° Marie van Laureten, née à Bruxelles, morte sans alliance dans cette ville le 21 avril 1638.

4° Louis van Laureten, chevalier, né à Bruxelles, sans alliance.

5° Charles-François van Laureten, licencié en droit, chanoine et archidiacre de l'église cathédrale d'Arras [2], chassé par les Français après la prise de cette ville ; il mourut à Douai en 1656, et fut inhumé

---

[1] On lit dans la *Belgique héraldique, de Poplimont*. Paris 1866, v° *Alcantara*, t. 1, p. 113 et 114 ; que L. F. d'Alcantara, épousa « Thérèse de Lorette-Laurétan, *que l'on prétend appartenir à la famille des Loredano, qui a fourni des doges à Venise*. » Cette tradition, que nous avons déjà signalée dans d'autres ouvrages ou manuscrits, nous paraît aujourd'hui complètement établie.

[2] M. l'abbé Fanien, dans son ouvrage déjà cité, mentionne, appendice p. 434, parmi les chanoines les plus célèbres de 1600 à 1700 : « François de Laureten, ou M. de Loret. »

dans l'ancienne église St-Jacques, où il avait son épitaphe.

6° Anne VAN LAURETEN, née à Bruxelles, décédée en 1664 à Alverynghem, enterrée dans la chapelle Sainte-Anne.

7° Pierre VAN OU DE LAURETEN, *qui suit.*

8° Jacques VAN LAURETEN, né au château de Witthem, mort en bas-âge, et inhumé dans le chœur de l'église N° D° à Waelvitre.

V. Pierre DE LAURETEN, dit LE VALEUREUX, chevalier, né à Bruxelles, paroisse St-Géry, le 22 septembre 1595, fils de Balthazar et demoiselle Majora Ximenès de Léon.

Capitaine à 26 ans d'une compagnie de 200 têtes de gens de pied wallons, de nouvelle levée, pour servir en l'armée du roi d'Espagne, sous le terce du comte de Hénin, en vertu d'une commission donnée à Bruxelles le 15 février 1621, par Albert, archiduc d'Autriche ; il fut ensuite nommé, le 5 juillet 1631, par l'infante Isabelle-Claire-Eugénie, qui gouvernait les Pays-Bas, sergent-major du terce de quinze compagnies-de gens de pied wallons de nouvelle levée, de 200 têtes chacune, sous la charge du mestre de camp Frédericq Micault d'Indenelde, seigneur de Diepensteyn ; puis, par commission donnée à Tirlemont le 22 mai 1635, signée de Ferdinand, cardinal infant, il fut créé sergent-major du terce d'infanterie wallonne du mestre de camp le s⁼ de Créquy [1].

En 1641, il était gouverneur de Bapaume, lorsque les maréchaux de Brezé et de la Meilleraye investi-

[1] Ces trois commissions sont reproduites dans le procés-verbal des preuves de noblesse de Pierre-François-Louis de Laurétan du 17 novembre 1753, déjà cité.

rent la place le 8 septembre. Le major de Laureten,
bien que ne disposant que d'une garnison de 500
hommes, renforcés quelques jours après par 150 autres, résista avec la plus grande énergie. Obligé de
signer le 18 septembre, à huit heures du soir, une
capitulation, il y stipula que la garnison sortirait
avec les honneurs de la guerre, et serait escortée par
un escadron de cavalerie qui l'accompagnerait jusqu'à Douai [1]. Les Espagnols devaient quitter Bapaume le 19 septembre, à huit heures du matin, pour
arriver à Douai vers les quatre heures du soir ;
« mais retardé par des causes imprévues, le gouver-
» neur ne partit qu'à 5 heures ; quand il fut à une
» demi-lieue de la ville, il renvoya l'escorte, et ne
» retint avec lui qu'un trompette de l'armée royale.
» Ce même jour, le sr de Saint-Preuil, gouverneur
» d'Arras, qui battait l'estrade dans les environs de
» cette ville avec une partie de sa garnison, ayant
» rencontré les troupes espagnoles, ne fit pas d'état
» de ce trompette qui leur servait d'escorte, les char-
» gea et les tailla en pièces [2]. » On sait que Saint-
Preuil, malgré le procès-verbal signé par le chef du
détachement espagnol et ses officiers, constatant
l'erreur commise et la satisfaction qu'ils avaient
reçue, fut condamné à mort et décapité le 9 novembre 1641 [3].

[1] *Histoire de Bapaume,* par le chanoine Louis Bédu, p. 116
et 118.

[2] *Précis historique sur la ville de Bapaume,* par Gabriel Lan-
glebert. Arras 1883, p. 83 à 87 avec *Documents complémentaires,*
p. 447. L'auteur donne de longs détails sur ce siège de Bapaume et l'attaque du détachement espagnol après la capitulation.

[3] A. Janvier. *Récits picards — Procès célèbres : François Jussac*

Les Espagnols défendirent l'Artois et la Flandre pied à pied. Pierre de Laureten ne cessa de combattre dans leurs rangs jusqu'à sa mort. Il fut tué à la bataille de Rocroi le 19 mai 1643, et fit partie de ces valeureux officiers, dont Mgr le duc d'Aumale, dans son beau récit de cette célèbre bataille, regrette de ne pouvoir citer tous les noms, et à la bravoure desquels il rend hommage.

Etant en garnison à Saint-Omer, il avait épousé le 15 avril 1628, parois. Saint-Sépulchre, Marie-Anne DE HANON, fille de François, écuyer, sr de Bavinchove, des vicomtés de Cauchy et d'Alembon et du fief de Watteblé, qui avait été mayeur de cette ville en 1614 et 1617, et le fut encore en 1620 et 1623 [1], et de Isabeau du Pont. Elle mourut en 1638 à Bruges, où elle s'était réfugiée lors du siège de Saint-Omer, et fut inhumée au couvent des religieuses Collettes, ou à celui des pauvres Claires.

La famille de Hanon possédait à Zutkerque un château [2] et des terres étendues. Pierre de Laureten s'y établit ; c'est là que sont nés ses quatre enfants et un grand nombre de leurs descendants. (V. Branche de Zutkerque ci-après.)

Le portrait, que nous possédons, de Pierre de Laureten, dit le Valeureux, le représente avec des mous-

d'Ambleville, sieur de Saint-Preuil, maréchal des camps et armées du roi Louis XIII, p. 120 et suivantes. — Dr de Moreri. — Michaud, Biographie générale, etc.

[1] Bulletin des Antiq. de la Morinie, t. 2, p. 853, 854. — Sentence de noblesse rendue le 19 mai 1604 au profit de François de Hanon, écuyer, sr de Bavinchove (Reg. de l'Election d'Artois de 1595 à 1607 f° 150).

[2] On trouve à l'ancien greffe du gros, à Saint-Omer, une vue de ce château, à l'époque où il appartenait aux van Laureten.

taches relevées, une fraise autour du cou, un habit militaire boutonné, et une écharpe nouée sur l'épaule droite. Au pied, sont ses armoiries accolées à celles de sa femme, soutenues par deux lévriers, et surmontées d'une couronne comtale. Au-dessous, on lit : « La gloire des armes de mon prince fut ma seule » ambition. Il fut gouverneur de Bapaume pour l'Es- » pagne et fut tué à Rocroi en 1643. »

Quatre enfants sont issus du mariage de Pierre de Laureten avec demoiselle de Hanon. Ce sont :

1° Léonard-Pie DE LAURETEN, chevalier, capitaine de cavalerie au service de l'Espagne, tué au siège de Valenciennes en 1656 [1]. Il avait épousé Antoinette-Constance DE LA GLISEULLE, fille de Charles, seigneur de Campeau, et d'Eugénie-Diane DE RICAMÈS [2], sans postérité.

2° Philippe-Walbert DE LAURETEN OU DE LAURÉTAN, qui suit.

3° Marie-Marguerite-Thérèse DE LAURETEN, mariée à Jean-François VAN WYCCHUUS (ou Wychuysse), morte sans enfant à Alveringhem le 18 juillet 1680.

4° Honorine DE LAURETEN, religieuse au couvent des pénitentes de Douai, sous le nom de sœur Charles-Françoise de Saint-Omer.

VI. Philippe-Walbert DE LAURÉTAN [3], chevalier, fils de Pierre et de demoiselle de Hanon, seigneur de

---

[1] En juin 1656, Valenciennes avait été investie par Turenne et la Ferté qui furent obligés de lever le siège après une défaite que leur infligea Condé le 16 juillet. (*Dict. histor. de Lalanne.*)

[2] La famille de Ricamès a fourni un mayeur à Saint-Omer en 1577.

[3] Le procès-verbal des preuves de noblesse du 17 novembre

Bavinchove et des vicomtés de Cauchy et d'Alembon, des fiefs de la Cauchie et de Watteblé, né à Zutkerque le 15 septembre 1634, et mort le 20 janvier 1698.

Il n'avait que 4 ans, lorsque sa mère mourut à Bruges, pendant que les Français assiégeaient Saint-Omer, et ravageaient le pays de Brédenarde. A neuf ans, il perdait son père tué à Rocroi. Et, à peine âgé de 14 ans, il était déjà au service du roi d'Espagne, et combattait dans la plaine de Lens le 20 août 1648.

Il fut nommé capitaine d'une compagnie d'infanterie dans le régiment du vicomte de Barlin, suivant commission donnée à Bruxelles le 4 mars 1655, par Léopold Guillaume, archiduc d'Autriche, gouverneur des Pays-Bas et de Bourgogne ; puis il obtint le 6 juin 1657 une commission de capitaine d'une compagnie de cuirassiers de cent chevaux de nouvelle levée, pour servir sous le mestre de camp Dom Gregorio de Alverado y Bracamonte, délivrée à Valenciennes, au nom du roi d'Espagne, par Dom Juan d'Autriche, grand prieur de Castille, lieutenant gouverneur et capitaine général des Pays-Bas et de Bourgogne.

Philippe-Walbert devint français après la conquête du pays de Brédenarde par Turenne en 1658, par le fait de la réunion de ce pays à la France, en vertu du traité des Pyrénées du 7 novembre 1659, et du traité des limites du 22 septembre 1664.

Il avait épousé à Alverynghem, aux termes d'un contrat de mariage du 21 février 1657, demoiselle VAN WYCCHUUS Adrienne-Marie, fille de François, sei-

1753, déjà cité, contient la mention suivante : « Testament » mutuel de Philippe-Walbert de Laureten (il a ainsi signé » Ph. de Laurétan), écuyer, seigneur de Bavinchove etc. » C'est donc lui qui le premier a orthographié son nom suivant la prononciation française.

gueur de Fontigny, bourgmestre et landthouder de
la Loy, ville et châtellenie de Furnes, et de Isabelle-
Roberte *van Wycchus* [1].

Philippe-Walbert de Laurétan est représenté, dans
le portrait que nous avons de lui, avec moustaches
et barbiche, en costume de capitaine de cuirassiers
avec la légende suivante : « Brave Espagnol dans la
» plaine de Lens : Français après et digne de l'être.
» Fut capitaine de cent cuirassiers au service d'Espa-
» gne, mort en 1698. » Au bas du portrait se trouvent ses armoiries accolées à celles de sa femme,
surmonté d'une couronne de comte, support : deux
lévriers.

Les époux de Laurétan van Wycchuus ont laissé
7 enfants, qui ont formé deux branches, l'une dite de
Zutkerque, l'autre dite d'Audruicq, d'après les paroisses où ces enfants s'établirent.

1° Jean-Philippe-François DE LAURÉTAN, chevalier,
né à Zutkerque le 2 avril 1661, mort jeune.

2° Léonard-Balthazar DE LAURÉTAN, L'AÎNÉ, né le
16 juillet 1663, *tige de la branche d'Audruicq, qui
suit*.

3° Isabelle-Josèphe DE LAURÉTAN, née à Zutkerque
le 12 septembre 1666, morte sans enfant. Elle avait
épousé le 12 novembre 1687, Pierre-Antoine DE
LATTRE, seigneur de la Terrerie, de Duncqueroffe et
de la vicomté de Nielle, fils de Pierre et de Marie-
Françoise *Michiels*.

4° Catherine-Charlotte DE LAURÉTAN, née le 16 mai
1669 à Zutkerque. Elle a épousé suivant contrat du
15 décembre 1697, passé devant notaires royaux à

---

[1] Nous avons vu qu'une sœur de Philippe-Walbert, Marie-
Marguerite-Thérèse, avait épousé Jean-François van Wycchuus,
il était frère d'Adrienne-Marie.

Saint-Omer, et qui a été transcrit au registre in-f°
concernant le pays de Brédenarde, déposé aux archives de la mairie d'Audruicq t. I p. 182, Michel de
Roussé, chevalier, marquis d'Alembon, baron d'Hermelinghem, capitaine au régiment du prince de
Guémenée, connétable héréditaire du comté de Guines, qui fut mayeur de Saint-Omer en 1711 et 1712 [1].
Il était fils de messire Charles de Roussé, marquis
d'Alembon, etc., conseiller du roi en ses conseils, et
lieutenant-général des camps et armées du roi, et de
Geneviève de Nicey.

Les époux de Roussé-de Laurétan ont laissé quatre
enfants, qui sont tous entrés en religion :

    A. Messire Jean-Baptiste DE ROUSSÉ, dit l'abbé
        d'Alembon, chanoine noble de la cathédrale
        de Saint-Omer, reçu le 7 janvier 1721 à la
        prébende sous-diaconale de Saint-Denis, et
        décédé en 1764.

    B. Louise-Adrienne DE ROUSSÉ, religieuse à
        l'hôpital Notre-Dame à Tournai.

    C. Michelle-Charlotte DE ROUSSÉ, religieuse de
        la noble abbaye d'Avesnes-les-Arras.

    D. Marie-Madeleine DE ROUSSÉ, prieure du
        noble hôpital d'Audenarde, morte le 19 oc-

---

[1] Michel de Roussé était veuf de Madeleine de Fabert, nièce
du maréchal, qui était morte en novembre 1695. De ce premier
mariage, il avait eu trois fils, dont un seul s'est marié : Claude-
J.-B^{te}, connétable héréditaire du comté de Guines, comme ses
ancêtres, qui a laissé deux filles ; elles se sont alliées aux mai-
sons d'Isque en Artois, et Patras de Campaigno en Boulonnais.
(*Le maréchal de Fabert, 1599-1662*, par *M. J. Bourelly, Paris
Didier 1879*, tableaux généalogiques à la fin du 2e volume. —
Nobiliaire de Picardie, d'Haudicquier de Blancourt, p. 464. — *La
Chesnaye des Bois, éd. 1865.* V° Fabert, Isque, Ste-Aldegonde-
Noircarme).

tobre 1771, et enterrée devant l'autel de la
chapelle de cet hôpital, avec une épitaphe
et des armoiries présentant huit quartiers.

5° Adrienne-Françoise DE LAURÉTAN, née à Zutkerque le 27 septembre 1671, a épousé, suivant contrat
passé devant notaires royaux, dans cette paroisse, le
16 février 1699, Jacques-Armand de Rantzau, chevalier de Saint-Louis, mestre de camp d'infanterie allemande au service de la France, brigadier des armées
du Roi, fils de messire Adolphe, originaire de Copen-
hague [1], et de demoiselle Elisabeth *Baré* — sans postérité.

6° Léonard-Balthazar DE LAURÉTAN, le cadet, *tige de
la branche de Zutkerque, qui suivra.*

7° Philippe-Jacques-Walbert DE LAURÉTAN, né à Zutkerque le 17 mai 1677 était lieutenant au régiment
de Gréder-Allemand au service de Louis XIV, lorsqu'il
fut tué ; sans alliance.

A partir de ce moment, la famille de Laurétan,
qui appartient définitivement à la noblesse française,
se divise en deux branches, dont nous allons suivre
les descendants, en commençant par la branche aînée.

---

[1] Sur la famille et le maréchal de Rantzau, voir : *Piers, hist.
de la ville de Bergues, St-Winox, etc. St-Omer, 1833, p. 50, 83,
126 et 150.* — Ainsi que Morori, Michaud, Larousse, etc.

Branche d'Audruicq.

VII. Léonard-Balthazar DE LAURÉTAN, Iᵉʳ du nom, dit : BALTHAZAR L'AINÉ, chevalier, fils de Philippe-Walbert et d'Adrienne-Marie van Wycchuus, né à Zutkerque le 16 juillet 1663, SEIGNEUR DE BAVINCHOVE, des vicomtés de Cauchy, d'Alembon, et des fiefs de la Cauchie, Watteblé, Wibau, Pipre, Potterie et autres lieux, grand bailli héréditaire d'Audruicq et du pays de Brédenarde de 1693 [1] à 1713, mort le 25 septembre 1726 au château d'Audruicq, domaine engagé du roi, dont il s'était rendu adjudicataire en 1693, en même temps que de la charge de grand bailli, mais qu'il s'était réservé lorsqu'il avait vendu l'office à Bernard-Guillaume Marcotte, en 1713 [2].

[1] Lettres de provision du 23 mai 1693, *Arch. nat. sect. judiciaire cote VI-83*, et registre I (juin 1662 à 16 juin 1751), tenu à Audruicq, « où sont enregistrées les résolutions concernant le » pays de Brédenarde. »

[2] C'est donc par erreur que dans le *Dict. hist. du départ. du Pas-de-Calais, arrond. de St-Omer — Audruicq*, il est dit que les Laurétan n'avaient dans cette commune qu'une maison de campagne. La plupart des membres de cette famille de la branche d'Audruicq et de celle de Cauchy, dont trois grands baillis, sont nés dans ce château, que l'un d'eux rebâtit. Deux arrêts du conseil de 1787 et de 1789 maintinrent dans la possession de l'enclos du vieux château, le chevalier Pierre-François-Louis, dernier mayeur de St-Omer. Après son émigration, on vendit ses biens, et on reprit le domaine engagé d'Audruicq, qui fut ensuite vendu nationalement.

Fiancé le 26 novembre 1693, au village de Bierne, à demoiselle Benoîte DE VICQ, née au Bertholf en 1657, fille de Jean-Baptiste, écuyer et de Isabelle-Jeanne *de Vicq*, il l'épousa [1] le 2 décembre suivant. Mademoiselle de Vicq fit entrer dans la maison de Laurétan les fiefs de Bertholf, de Potterie et de Pipre. Elle mourut à Saint-Omer, paroisse Saint-Jean-Baptiste, à l'âge de 81 ans, le 1er janvier 1738, et fut inhumée le 3 dans la dite église.

D'où sept enfants :

1° Michel-Dominique DE LAURÉTAN, chevalier, né à Audruicq, le .. août 1694, décédé le 29 octobre de la même année, inhumé dans le chœur de l'église paroissiale d'Audruicq.

2° Léonard-Balthazar DE LAURÉTAN, IIe du nom, chevalier, sr de Bavinchove, *qui suit*.

3° Françoise-Albertine DE LAURÉTAN, née à Audruicq le 22 janvier 1697, décédée à Saint-Omer, paroisse Saint-Denis, le 26 octobre 1766, et inhumée dans l'église d'Audruicq. — Sans alliance.

4° Louis-Herman DE LAURÉTAN, chevalier, dit M. DE BERTHOLF, né à Audruicq le 13 mai 1698, capitaine au régiment allemand du comte de Saxe au service de la France, chevalier de Saint-Louis, mort à Schelestadt le 6 octobre 1746. — Sans alliance.

5° Marie-Louise-Antoinette DE LAURÉTAN, née le 7 mars 1701 à Audruicq, morte à Saint-Omer le 5 février 1758, enterrée à Saint-Jean-Baptiste, veuve de Henri-Ignace VAN CAPPEL, écuyer, seigneur de Spycker, fils de Jacques-Ignace, écuyer, seigneur de Briarde, Spycker, Porthove, etc. — Sans postérité.

---

[1] Contrat de mariage du 26 novembre 1693 devant Me Clasp-teen, notaire à Bergues.

6° Pierre-Charles DE LAURÉTAN, seigneur de Pipre, chevalier, né à Audruicq le 20 octobre 1702, capitaine au régiment d'infanterie allemande du comte de Saxe au service de la France, mort le 5 mars 1762, à St-Omer, sur la paroisse Saint-Denis, et inhumé à Audruicq.

7° Louis-Joseph DE LAURÉTAN, s^r de Cauchy, qui a formé le *rameau de Cauchy,* et sera rapporté après la branche d'Audruicq.

VIII. Léonard-Balthazar DE LAURÉTAN, IIe du nom, chevalier, fils aîné de Léonard-Balthazar, Ier du nom, et de Louise-Benoîte de Vicq, né à Audruicq le 13 janvier 1696, SEIGNEUR DE BAVINCHOVE, des vicomtés de Cauchy et d'Alembon, des fiefs de la Cauchie, Watteblé, Bertholf, Pipre, Potterie, et autres lieux [1], lieutenant dans le régiment d'Ormoy en 1711, capitaine en 1712, réformé à la paix, capitaine de grenadiers du 2° bataillon de la milice d'Arras le 1er octobre 1734, nommé chevalier de St-Louis le 1er décembre 1745, mort à Audruicq le 1er janvier 1749, inhumé dans le chœur de l'église.

Marie-Barbe DE GUELQUE DES CLUZEAUX, née à Boursin, qu'il avait épousée le 29 avril 1738 [2], était fille de Jean-Baptiste, seigneur des Cluzeaux, du Bruel et de Moncloit, ancien capitaine d'infanterie au régiment de Moyecque et de N.. *de Campagne du Trait* [3]. Elle

[1] Dénombrements du 26 février 1732 reçus le 1er juin 1734 par les président et trésoriers de France à Lille ; et procès-verbal de rédaction des coutumes locales de St-Omer et Audruicq, 1744, p. 120.

[2] Contrat de mariage passé le 24 avril 1738 devant Aubert de Carpentrie, notaire royal à Ardres.

[3] *Le grand nobiliaire de Picardie,* par de Rousseville 1717 in-f°.

mourut le 18 janvier 1780 à Arras, au couvent de la Paix.

De ce mariage sont nés sept enfants :

1° Pierre-Louis-Marie DE LAURÉTAN, chevalier, né le 4 janvier 1740, et mort à Audruicq le 17 septembre 1741.

2° Marie-Louise-Geneviève-Barbe DE LAURÉTAN, née à Audruicq le 16 décembre 1740, élevée au couvent de la noble et sainte famille de Lille, où elle entra le 4 septembre 1749, vécut ensuite en célibat au couvent de la Paix à Arras, fut détenue en cette ville sous la Terreur [1], et mourut à Saint-Omer le 13 janvier 1811.

3° Jean-Baptiste-Cyprien COMTE DE LAURÉTAN, *qui suit.*

4° Philippe-Joseph-Gaspard DE LAURÉTAN, chevalier, né en 1743, mort le 24 avril 1746.

5° Pierre-Franço: -Louis, dit LE CHEVALIER DE LAURÉTAN, *qui sera rapp rté après son aîné et la descendance de celui-ci au § IX secundo.*

6° Louise-Geneviève-Barbe DE LAURÉTAN, née à Audruicq le 17 mai 1747, religieuse au noble hôpital d'Audenarde.

7° Marie-Louise-Philippine-Catherine DE LAURÉTAN, née à Audruicq le 24 novembre 1748, et décédée le 5 décembre suivant.

IX. Jean-Baptiste-Cyprien, comte DE LAURÉTAN [2],

contient les généalogies des familles de Guelque et de Campagne.

[1] *Histoire de Lebon,* par M. Paris. Arras, p. 669.

[2] Il est qualifié de *comte de Laurétan* dans un arrêt du conseil du 9 mai 1789. On l'appelait aussi comte d'Alembon, ou comte de Laurétan d'Alembon (*Gœthals, dict. historique et héraldique des familles nobles de la Belgique,* 4° vol. v° Vilain XIII, et *Poplimont, la Belgique héraldique*).

fils aîné de Léonard-Balthazar, II⁰ du nom, et de demoiselle de Guelque, né à Audruicq le 24 mars 1742, SEIGNEUR DE BAVINCHOVE, des vicomtés de Cauchy et d'Alembon, des fiefs de Watteblé, Bertholf, Potterie, Pipre, élévé à l'école militaire, officier au régiment de Normandie, créé par lettres patentes du 15 mai 1759, chevalier novice des ordres de Notre-Dame du Mont Carmel et de Saint-Lazare de Jérusalem.

Lallart de Ribehem, Marie-Joseph-François, cinquième grand bailli héréditaire d'Audruicq, se démit en sa faveur de son office, et Cyprien de Laurétan obtint le 27 février 1788 des lettres de provision, et fut installé le 8 avril suivant par le lieutenant général civil et criminel au bailliage royal de St-Omer.

Il épousa 1° en premières noces à Saint-Bavon de Gand, le 11 juillet 1769, demoiselle DE MAELCAMP Marie-Françoise-Joseph, née à Gand le 19 ou le 29 octobre 1743, décédée le 10 juillet 1771, fille de Charles-Philippe-Antoine, seigneur d'Ooderghem, né à Gand et baptisé à Saint-Bavon le 4 février 1710, mort le 18 juin 1766, et enterré en ladite cathédrale, et de Isabelle-Françoise *Wychuuse,* dame de Raveschot, d'Eenrode et Fontigny, née le 2 mars 1712, mariée le 6 février 1739, et décédéo le 10 janvier 1782.

2° Et en secondes noces, le 4 janvier 1773, demoiselle Colette-Sabine-Joseph-Guislaine VILAIN XIIII, dite dame DU MONT, qui mourut le 25 avril 1782, et fut inhumée à Saint-Bavon de Gand ; elle était fille de Charles-François, seigneur de Velle, avocat au conseil provincial de Flandre, licencié en 1729, receveur héréditaire du pays d'Alost, mort le 18 août 1786, et d'Isabelle-Thérèse *du Bois* née le 21 août 1710, décédée en 1753.

Ces deux alliances avec des familles riches et influentes lui avaient créé une haute situation à Gand.
Il prit une part active à l'insurrection des Pays-Bas
autrichiens contre l'empereur Joseph II, et c'est de
lui que parle le *Moniteur français*, à qui un correspondant écrivait de Bruxelles : « Le 15 janvier 1790. —
» Le département actuel de la guerre n'étant établi
» que provisoirement, on va s'occuper de lui donner
» une constitution légale. M. le comte de Laurétan
» est envoyé ici à cet effet par les Etats de Flandre.
» C'est un homme distingué par sa fortune, et plus
» encore par son mérite personnel, il est d'ailleurs
» lié avec le général van der Meerss (Mersch). On
» croit qu'ils sont d'avis tous deux que les Etats
» belgiques ne doivent faire de traité avec aucune
» puissance, et qu'ils seront en état de soutenir leur
» indépendance sans aucun secours étranger. [1] » La
mort de Joseph II survenue le 20 février 1790 contribua à calmer les troubles. Léopold II, qui succéda à
son frère, dut cependant encore envoyer en Brabant,
vers la fin de l'année, des troupes qui mirent fin à
la révolution brabançonne. D'autre part en 1792, les
Français envahirent la Belgique.

Cyprien de Laurétan ne pouvait revenir en France,
d'où la plupart des siens avaient dû s'enfuir. Il fut
porté le 9 juillet 1792 sur la liste des émigrés du
département du Pas-de-Calais, et ses biens furent
confisqués [2]. Cependant l'amnistie de 1802 lui rou-

---

[1] *Réimpression de l'ancien Moniteur,* t. III, p. 165, 2ᵉ colonne.
— Son nom figure aussi parmi ceux des membres de la chancellerie de guerre dans les *Documents politiques et diplomatiques
de la Révolution belge de 1790,* par M. Gachard.

[2] Procès-verbal de levée de scellés des titres et papiers trou-
vés chez lui à Audruicq, en date du 15 thermidor an 2 (2 août 1794).

vrit les portes de la France, et il mourut à Racquinghem le 25 novembre 1805 (4 frimaire an XIV.)

Le comte de Laurétan eut de son premier mariage
deux fils :

1° Louis-François-Joseph DE LAURÉTAN, né le 17 juin
et mort le 26 septembre 1770.

2° Charles-Jean-François DE LAURÉTAN, *qui suit.*

Et de son second mariage deux filles :

1° Colette-Barbe-Caroline-Ghislaine DE LAURÉTAN,
née le 23 et baptisée le 24 septembre 1774, qui épousa
le 2 mai 1797 Louis-Frédéric-Ghislain-Aubert-Joseph
baron DE DRAECK, demeurant à Gand, né le 4 mai 1762,
mort le 27 avril 1838, fils de Frédéric-François, né à
Gand le 25 août 1710, mort à Munster le 24 décembre
1794, qui avait épousé le 2 mai 1745 Marie-Lucie
Gage, née le 15 mars 1723, décédée à Gand le 15 octobre 1792. Les époux de Draeck-de Laurétan ont
laissé une fille.

    A. Félicité-Anne Jeanne-Ghislaine DE DRAECK,
né le 9 février 1798, morte le 21 octobre
1855 à Sommerghem, mariée le 22 septembre 1817 à Frédéric-Joseph, marquis D'ENNE-
TIÈRES et des Mottes, comte de Mouscron,
d'Hulst, du Saint-Empire romain, baron
d'Heule et de la Berlière, d'où :

        a. Marie-Rose-Louise-Ghislaine D'ENNE-
TIÈRES, mariée à Octave-Charles-Louis-
Guillaume comte d'OULTREMONT, de Wé-
gimont et de Duras, né en 1816, envoyé extraordinaire à Naples en 1859,
grand croix de l'ordre de Saint-James,
fils de Charles-Ferdinand-Joseph et de
Louise-Joséphine *van der Noot de Duras.*
— D'où deux enfants.

2° Julie-Ghislaine DE LAURÉTAN, née à Gand le 6 octobre 1775, qui épousa le 4 février 1796, Charles-Constantin-Marie-Bavon-Ghislain DE VAERNEWICK, vicomte d'Angest, né le 1er octobre 1767, mort le 24 mars 1835, chambellan de Guillaume I, roi des Pays-Pays, membre de l'ordre équestre de la Flandre orientale et des Etats-Généraux des Pays-Bas. — Sans postérité.

X. Charles-Jean-François COMTE DE LAURÉTAN, fils de Jean-Baptiste-Cyprien et de demoiselle Maëlcamp, né à Gand le 3 juillet 1771, mort avant son père, à Bruxelles en 1798, à l'âge de 27 ans, après la conquête de la Belgique par les Français. — Sans alliance.

IX *secundo*. Pierre-François-Louis DE LAURÉTAN, dit le CHEVALIER DE LAURÉTAN, fils cadet de Léonard-Balthazar, IIe du nom, et de Marie-Barbe de Guelque, né au château d'Audruicq le 27 octobre 1745, élevé à l'école royale militaire, chevalier de Notre-Dame du Mont Carmel et de Saint-Lazare de Jérusalem ; cornette au régiment de cavalerie de Trazégnies en 1761, il passa ensuite au régiment de Chartres et se retira du service avec le grade d'aide-major en 1775[1]. Il se fixa alors à Saint-Omer, s'y maria en 1778, fut nommé le 9 juin 1781 grand maître de la confrérie

---

[1] Le chevalier de Laurétan a joué un rôle important à Saint-Omer de 1789 à 1790. Nous avons retracé dans la *Revue de la Révolution,* livraisons de juillet et d'août 1886 (Sautón, lib. à Paris.) sous le titre : *la Révolution dans le Nord. — Un magistrat municipal à Saint-Omer,* le récit de l'application de la loi martiale en 1790, et celui de l'émeute de 1791, dont les détails ne pouvaient trouver place dans le cadre de cette généalogie.

des Arbalétriers ; devint échevin le 31 décembre 1785, puis le 20 décembre 1787, mayeur pour trois ans à compter du 1er janvier 1788[1]. Il pacifia un différend qui surgit, cette année même, entre l'évêque et les membres de la confrérie des charitables de Saint-Léonard[2]. Pendant le terrible hiver de 1788 à 1789, il prit de concert avec les échevins, des mesures énergiques pour parer à la disette, il fit acheter des grains débarqués à Dunkerque, alla lui-même dans cette ville passer des marchés, et fit vendre le pain aux pauvres au dessous du prix de revient, tandis qu'il assurait du travail aux ouvriers dans les biens communaux[3]. Homme éclairé d'ailleurs et partisan de réformes sages et mesurées dans l'ordre social, ses talents, son activité et sa bienfaisance[4] lui avaient conquis l'estime et l'attachement de la population, lorsque furent convoqués les Etats généraux.

Il présida les 30 et 31 mai 1789 l'assemblée des 71 délégués élus par les 1143 électeurs qui rédigèrent le cahier des doléances du Tiers-Etat de Saint-Omer[5]. Il devint commandant général de la milice bourgeoise, transformée plus tard en garde nationale, à qui il donna son premier règlement le 28 août

[1] *Mém. de la Société des Antiq. de la Morinie*, t. XVII, p. 38.
[2] *Histoire de Saint-Omer*, Derheims, p. 619.
[3] *Registre aux délibérations du Magistrat de Saint-Omer, 1789 et 1790. Arch. mun.*
[4] Parmi les malheureux qu'il secourut, il faut citer Anne Danel, dont le mari Montbailly avait été victime d'une célèbre erreur judiciaire (*Hist. de Saint-Omer*, Derheims, p. 370 à 382).
[5] Ce cahier, qui offre un réel intérêt, a été publié par la *Société des Antiq. de la Morinie*, t. XVII de ses *Mémoires*. Il a fait l'objet d'un compte-rendu détaillé dans la *Revue des Etudes historiques*, 4e série t. 1, septembre et octobre 1883, p. 336.

1789 [1], et qu'il cessa de commander lorsqu'il fut élu maire le 27 janvier 1790.

A peine installé, le nouveau maire dut appliquer au mois de février la loi martiale ; il réussit à dissiper sans effusion de sang, et après deux sommations, les attroupements qui empêchaient l'embarquement de fèves achetées sur le marché [2], mais il resta depuis en butte à l'animosité d'une partie de la population, qui ne lui pardonna jamais son énergie.

Le 30 avril, il fut nommé par le roi, pour organiser avec le s[r] Buissart, avocat à Arras, et le s[r] Mutinot d'Hostove, le département du Pas-de-Calais récemment créé et ses districts, et pour convoquer les assemblées primaires de la ville, à l'effet de procéder à la nomination des 36 électeurs qu'elles devaient envoyer à l'assemblée du département à Aire [3].

Elu le 19 juillet membre du Directoire du district de Saint-Ome., il fut choisi comme président par ses collègues le 14 août. L'opposition de la Société des Amis de la Constitution, quelques propos contre les acquéreurs de biens nationaux et les nouvelles lois ecclésiastiques, le rendirent bientôt suspect, et le 25 juin 1791, une terrible émeute se déchaîna contre lui. Le maire ne put le sauver qu'en le faisant arrêter et conduire à la prison de la ville. Le tribunal de district, saisi de l'affaire, le relâcha sans condamnation [4] ; mais sa vie n'était plus en

[1] Règl. imprimé à Saint-Omer chez Boubers, p. in-8° de 7 p. (Bibl. de M. le baron Dard, à Aire).

[2] *Archives nationales D. XXIX* [b]. *3. — Section judiciaire, comité des recherches. — Subsistances.*

[3] *Arch. municip. Saint-Omer AB VII.*

[4] *Le clergé du diocèse d'Arras, Boulogne et Saint-Omer pendant la Révolution,* par l'abbé Déramecourt, p. 224 à 227 et *Archives*

sûreté à Saint-Omer, et au bout de quelque temps, il prit le parti de se réfugier dans les Pays-Bas, où sa famille était connue, et où il avait de nombreux parents. Il se retira d'abord à Gand, chez son frère [1], qui avait soutenu la révolution brabançonne contre les Autrichiens. Pendant ce temps, il fut porté, ainsi que lui, sur la liste des émigrés du département du Pas-de-Calais.

En 1794, il se trouvait à Ypres [2], lorsque le siège fut mis par les Français devant la ville, qui capitula le 30 prairial an II (18 juin 1794). L'article 5 de la capitulation refusa la proposition de laisser sortir de la place quatre chariots couverts, qui ne devaient point être visités, et l'article 10 accorda la vie sauve aux habitants de la ville, et à ceux qui s'y étaient réfugiés, excepté aux émigrés français [3]. Ces derniers furent immédiatement recherchés par les vainqueurs,

du départ. du Pas-de-Calais : District de Saint-Omer, liasse n° 133. — Registres aux arrêtés de district et du directoire du départ.

[1] Branche d'Audruicq IX ci-dessus.

[2] Il avait aussi des parents à Ypres. La famille de sa grand'-mère était originaire de cette ville. Roland-François de Vicq, y demeurant, avait fait enregistrer ses armoiries le 13 septembre 1697. — Deux autres Laurétan s'étaient mariés à Ypres (Branche de Zutkerque ci-après VII-6, et VIII), et la femme de l'un d'eux était sa marraine.

[3] Voir le texte de la capitulation d'Ypres dans : l'*Histoire militaire de la ville d'Ypres,* par Vereecke, Gand 1858, et dans la *Relation des principaux sièges de 1792 à 1806,* par Musset-Pathay, Paris, 1806, in-4°. — C'est donc par erreur que le *Dictionnaire biographique des hommes célèbres nés dans le départ. du Pas-de-Calais,* raconte, après M. Piers, que M. de Laurétan était sorti d'Ypres, « *dans un chariot couvert en vertu de la capitulation,* » et qu' « y étant rentré imprudemment à cause de l'oubli d'un » papier important, il fut dénoncé et condamné à mort immé- » diatement. »

et M. de Laurétan, dénoncé par un misérable pour
un assignat de 200 livres, fut saisi dans une maison
habitée par la famille van der Stickele [1], avec un do-
mestique qui était à son service depuis deux ans.
Condamné à mort le 19 messidor an 2 (7 juillet 1794)
par le tribunal de l'armée du Nord à Ypres, il fut
fusillé le même jour en dehors de la ville, près de la
porte du temple, et commanda lui-même le feu avec
intrépidité [2].

On sait que pendant la Révolution, tous les por-

[1] Le comte de Laurétan, frère du chevalier, avait épousé, en
1res noces, à Gand, une demoiselle Maëlcamp; et Sabine-An-
toine-Marguerite van der Stickele s'était mariée à Ypres, en
1774, avec Charles-Aloïs Maëlcamp. Son frère François-Joseph-
Amedé van der Stickele, avait pris part, comme le comte de Laurétan, à l'insurrection brabançonne (Gœthals, généalogie van
der Stickele). Il est tout naturel que le malheureux émigré ait
trouvé un asile dans cette famille.

[2] Nous avons donné tous les détails de sa mort dans la Revue
de la Révolution, loc. cit., d'après le ms. de M. Deschamps de
Pas, qui les tenait d'un témoin oculaire.

Il faut signaler ici une chronique manuscrite en flamand, qui
existe à la bibliothèque d'Ypres, et dont un passage, que M. Die-
gerick, alors archiviste, a bien voulu nous traduire, relate que
« le 8 juillet 1794, furent saisis par les Républicains, trois
» frères du nom de Laurétan, nobles émigrés français, qui se
» tenaient cachés dans la maison de Jacques Avrez, aubergiste
» à Saint-André, et qui furent fusillés le lendemain dans la
» plaine, avec un autre émigré. » Or le jugement du tribunal
de l'armée du Nord, du 19 messidor an II, a condamné à mort
quatre émigrés : Pierre de Laurétan, Augustin et Isidore Val-
lour, ex-capitaines aux régiments des Vosges et des Ardennes,
originaires de Saint-Omer, et René-Jacques Pontavis. Le do-
mestique de M. de Laurétan : Etienne Relot, ne fut condamné
qu'à la déportation. Cette chronique n'est donc pas exacte en ce
qui concerne les noms des émigrés fusillés, le jour de l'arres-
tation et celui de l'exécution ; et la présente généalogie établit

traits des mayeurs, qui existaient dans la grande salle de l'échevinage, ont été détruits. Il est probable que le temps avait manqué pour peindre celui du dernier de ces magistrats dans les frises de cette salle, comme ceux de ses prédécesseurs. Mais nous possédons son portrait, qui le représente dans sa jeunesse, en costume de dragon, avec la décoration de Notre-Dame du Mont-Carmel et de Saint-Lazare. Ses armoiries sont à l'angle gauche du tableau.

Le chevalier de Laurétan avait épousé à St-Omer, le 20 novembre 1775, demoiselle Marie-Eugénie GUILLUY DU HAMEL, née en cette ville le 19 avril 1735, qui fut détenue comme suspecte pendant la Terreur à la maison du jardin Notre-Dame, et mourut le 20 novembre 1808. Elle était fille de Thomas-Joseph, seigneur de la brique d'or [1], conseiller au bailliage royal de Saint-Omer, né le 22 mars 1686, mort le 11 janvier 1736, et de Marie-Joséphine-Alexandrine *Gaillart de Blairville,* née le 18 mars 1699, mariée le 25 mai 1722, et décédée le 15 avril 1777.

De ce mariage naquit une fille unique :

X *secundo.* Charlotte-Emilie-Guislaine DE LAURÉTAN, née le 6 mars 1778, décédée à Saint-Omer le 13 février 1869 [2]. Elle vit inventorier le 29 mai 1792,

qu'un seul Laurétan périt à Ypres. En présence des récits contradictoires de cette chronique, de M. Piers, et du *Dict. biographique du départ. du Pas-de-Calais,* il était peut-être utile de rétablir les faits.

[1] Voir sur la famille Guilluy : le *Bulletin historique de la Société des Antiq. de la Morinie,* t. 7, p. 205 à 216. Depuis cette publication, les armoiries de cette famille ont été rétablies sur la porte d'une des chapelles de l'église N.-D. à Saint-Omer.

[2] Article nécrologique dans le *Mémorial Artésien* du 20 février 1869.

et vendre aux enchères le 22 pluviôse an II (10 février 1794), le mobilier de son père, puis son hôtel
et ses biens. De 1792 à 1795, elle habita, tantôt St-
Omer, tantôt Blandecques, où s'étaient retirées ses
tantes maternelles [1], et fut contrainte de figurer dans
les cortèges de diverses fêtes révolutionnaires. En
1805, le général Taviel, allié à sa famille [2], lui fit
épouser le 24 septembre (2 vendémiaire an XIV),
Pierre-Alexis GADDEBLÉ, ancien officier qu'il avait eu
sous ses ordres pendant qu'il commandait l'artillerie
à Saint-Omer. Lors de la chute de l'Empire en 1814,
M. Gaddeblé protesta énergiquement contre l'arres-
tation de M. Dessaux-Lebreton, membre du conseil
municipal de Saint-Omer qui, informé de cet événe-
ment avant les autorités militaires, avait arboré le
5 avril 1814 la cocarde blanche. Il fut nommé premier adjoint de cette ville par ordonnance royale du
29 octobre 1814, fut fait chevalier du Lys, donna sa
démission le 20 novembre 1828, et resta membre du
conseil municipal du 11 septembre 1830 jusqu'à sa
mort arrivée le 13 septembre 1834.

Du mariage de mademoiselle de Laurétan avec
M. Gaddeblé naquirent cinq enfants, dont deux filles
seulement ont laissé postérité :

1° Emilie-Constance-Caroline GADDEBLÉ, née à St-
Omer le 25 avril 1809, morte à Paris le 21 octobre

[1] Certificats de résidence à Saint-Omer et à Blendecques du
21 novembre 1792 au 21 pluviôse an 3 (9 février 1795), dé-
livrés à Mme de Laurétan et à sa fille.

[2] Le général Taviel était allié à la famille de la mère de
Mme de Laurétan, Pierre-Joseph-Constant Gaillart de Blairville
ayant épousé en 1787 demoiselle Marie-Louise-Charlotte Taviel,
d'où il eut quatre enfants. — Voir la *Biographie de Saint-Omer*,
par Piers.

1874, mariée le 3 mai 1838 à Gaspard-Joseph-Eusèbe PAGART D'HERMANSART, né à Calais le 18 avril 1809, fils de François-Joseph-Gaspard, et de Thérèse-Jeanne-Eléonore-Sophie DE SAINT-EUSÈBE, chevalier de la légion d'honneur, directeur des domaines, décédé à Paris le 2 juin 1884 — d'où un fils, et sa descendance (un fils et une fille).

2° Aline-Caroline-Constance GADDÉBLÉ, née à Saint-Omer le 18 août 1812, qui à l'âge de 13 ans, reçut, habillée en bergère, le 28 août 1825, madame la duchesse de Berry, dans une des îles flottantes entre Saint-Omer et Clairmarais [1]. Elle épousa le 29 mai 1843, son beau-frère Jules-Joseph-Eusèbe PAGART D'HERMANSART, né en 1810, mort conseiller à la cour d'appel de Douai le 13 janvier 1879, qui n'a laissé qu'une fille.

Rameau de Cauchy de la branche d'Audruicq.

VIII. Louis-Joseph DE LAURÉTAN, sr DE CAUCHY, chevalier, septième enfant de Léonard-Balthazar, Ier du nom, et de Louise-Benoîte de Vicq, né à Audruicq le 13 septembre 1704, sergent aux cadets de Metz, capitaine d'infanterie, échevin en 1757, puis mayeur de Saint-Omer de 1759 à 1764. Il fut nommé mayeur une dernière fois, le 12 juillet 1764, par l'intendant de la province. Mais Philippe-Alexandre Marcotte, sr de Roquétoire, de Serques et de Zuthove, grand bailli héréditaire d'Audruicq et du pays de

[1] Récit de l'excursion de Madame aux îles flottantes dans la *Feuille de Saint-Omer* du 3 septembre 1825, n° 1012.

Brédenarde étant mort le 6 (ou 9) janvier précédent,
sa veuve, tutrice de ses enfants mineurs, avait pré-
senté à l'office de grand bailli devenu vacant, M. de
Laurétan de Cauchy, beau-frère, puis neveu par
alliance de son mari, qui tenait à conserver dans sa
famille cet office occupé par son père de 1693 à 1713.
Le mayeur de Saint-Omer fut nommé grand bailli
d'Audruicq, et reçut des lettres de provision datées
du 1er août 1764, il fut installé le 21 du même mois.
Cependant l'édit du 15 août 1764 vint rendre aux villes
d'Artois le droit d'élire leurs magistrats, et il fallut procéder à des élections à Saint-Omer. Louis de Laurétan
resta en exercice en qualité de mayeur, jusqu'à ce qu'elles fussent terminées, puisqu'il ne pouvait être remplacé par un autre mode. Il présida donc le 8 novembre
l'assemblée des notables des trois ordres, qui choisit
un nouvel échevinage ; mais « il ne sombra pas »
avec l'ancien « dans un complet naufrage », comme
le dit un manuscrit qu'a cru pouvoir suivre fidèle-
ment, à cet égard, l'auteur d'*Un épisode des élections
échevinales à Saint-Omer* (1764-1767) [1], puisque l'ancien mayeur ne pouvait se représenter aux élections ;
et s'il y eut dans la salle, à la proclamation du scrutin, « une profonde émotion » [2], elle ne put envahir
le nouveau grand bailli d'Audruicq, mayeur par in-
térim en quelque sorte.

Il mourut à Audruicq le 6 septembre 1774, à l'âge
de 70 ans.

Il avait épousé :

En premières noces : Jeanne-Cécile MARCOTTE, dame

---

[1] *Mémoires de la Société des Antiquaires de la Morinie*, t. 18,
p. 128.
[2] *Mémoires de la Société des Antiquaires de la Morinie*, t. 18,
p. 130.

de Zuthove, fille de Guillaume Bernard, seigneur de Brédenarde, Roquétoire, etc., commissaire-secrétaire en la chancellerie près le conseil d'Artois, grand bailli d'Audruicq de 1713 à 1733, et sœur de Philippe-Alexandre Marcotte, sʳ de Serques, mentionné ci-dessus. — Sans descendance.

En secondes noces : le 14 février 1756, à Saint-Omer, Bonne-Isabelle-Joseph LALLART, fille de Benoît-François, écuyer, sʳ de Berles, receveur général des Etats d'Artois, et de Marie-Isabelle-Joseph *Marcotte*, celle-ci sœur de sa première femme. Madame de Laurétan mourut le 29 prairial an VI (17 juin 1798), laissant six enfants, que la Révolution frappa cruellement, et dont un seul a laissé postérité :

1⁰ Albert-Philippe-Valentin DE LAURÉTAN, né à St-Omer, paroisse de Sainte-Aldegonde le 29 décembre 1762, chanoine de la cathédrale de cette ville, émigré. Rentré en France après l'acte d'amnistie du 24 avril 1802 (4 floréal an X), il fut attaché à la paroisse d'Aire, et assista comme témoin au mariage de sa cousine issue de germaine, Emilie-Charlotte-Guislaine de Laurétan avec M. Gaddeblé le 24 septembre 1805 (2 vendémiaire an XIV) [1]. Il devint, en 1808, curé d'Audruicq, où il mourut le 4 janvier 1837.

2⁰ Louis-Charles-Joseph-Hubert DE LAURÉTAN, *qui suit*.

3⁰ Léonard-Balthazar DE LAURÉTAN, IIIᵉ du nom, chevalier, né à Audruicq le 21 avril 1774, chevalier de Saint-Louis, émigré. Lieutenant-colonel de la légion départementale du Haut-Rhin en 1816, il reçut la croix de chevalier de la légion d'honneur le 18 mai 1820, puis fut nommé le 17 novembre suivant, lieu-

---

[1] Voir ci-dessus : branche d'Audruicq X *secundo*.

tenant-colonel du 35ᵉ de ligne, et fit la campagne
d'Espagne de 1823 à 1825. Il fut fait officier de la
légion d'honneur le 12 septembre 1823, pour sa belle
conduite dans plusieurs affaires, et notamment pour
avoir forcé une colonne espagnole à capituler à la
Puebla de Sanabria [1]. Il obtint, en outre le 1ᵉʳ novembre, un brevet de colonel, et le 18, la croix de
chevalier de 2ᵉ classe de l'ordre de Saint-Ferdinand
d'Espagne. Retraité par ordonnance du 22 mars 1826,
il mourut sans alliance à Zutkerque.

4° Demoiselle N... DE LAURÉTAN, mariée à Leroy de
Bunneville, détenue comme suspecte, à Arras, pendant la Terreur.

5° Louise - Germaine DE LAURÉTAN, ursuline à
Amiens, détenue à Arras en même temps que sa
sœur [2].

6° N... DE LAURÉTAN, émigré, mort en Hollande. —
Sans alliance.

IX. Louis-Charles-Joseph-Hubert DE LAURÉTAN,
chevalier, fils de Louis-Joseph, sʳ de Cauchy, et de demoiselle Lallart, né à Audruicq le 4 novembre 1766,
élevé à l'école militaire, chevalier de Saint-Louis.
Nommé sous-lieutenant le 14 novembre 1782 au
bataillon de garnison de Flandre, il passa en 1784
au régiment de Poitou, qu'il quitta le 30 avril 1792,
en donnant sa démission d'adjudant-major. Il émi-

---

[1] Rapport historique sur les mouvements opérés pendant la
campagne d'Espagne, et sur les affaires auxquelles a pris part
le 35ᵐᵉ régiment de ligne.

[2] Liste des suspects détenus à Arras pendant la Terreur et
mis en liberté du 29 messidor an II au 30 ventôse an III
(17 juillet 1794 au 20 mars 1795), publiée par M. Paris, *Histoire
de Lebon*, Arras, p. 669.

gra, obtint sous la Restauration le grade de lieutenant-colonel, et mourut, retraité, le 30 mars 1827, à
Zutkerque.

Il avait épousé Marie-Thérèse-Françoise-Joséphine
DE SERVINS D'HÉRICOURT, qui mourut à Recques le
14 avril 1822. Elle était fille d'Eugène-Louis-Joseph,
MARQUIS D'HÉRICOURT, ancien officier au régiment
Dauphin-infanterie, décédé à Guernesey en 1807, et
de Flavie-Charlotte DE BELVALET, fille du MARQUIS D'HU-
MOEREUILLE, morte à Héricourt le 30 floréal an VII. De
ce mariage est venue une fille unique :

X. Joséphine-Cécile-Léonardine-Hubertine DE LAU-
RÉTAN, née à Recques le 9 avril 1822, décédée au
château de Cocove le 30 novembre 1883. Elle avait
épousé le 16 décembre 1839, son cousin, Hubert-
Marie-Gustave D'ARTOIS, né en 1810, fils d'Hubert-
Joseph-Marie [1], et de Henriette-Elisabeth-Julie-Antoine
Dauchel de la Palme, et décédé le 25 octobre 1882.
— D'où deux filles :

1° Marie-Hubertine-Joséphine D'ARTOIS, née au
château de Cocove le 12 novembre 1840, décédée le
25 janvier 1881. — Sans alliance.

2° Marie-Hubertine-Eugénie D'ARTOIS, née à Cocove le 2 mai 1843, mariée le 18 avril 1882, au marquis Olivier DE COETLOGON, fils d'Alain-Louis-Félicité-
Hippolyte, marquis de Coëtlogon, chevalier de la
légion d'honneur, ancien membre du conseil général
du Finistère, et de Marie-Gabriel *de Plessis-Quenquis*.

[1] Hubert-Joseph-Marie d'Artois était l'un des fils de Charles-
François-Alexandre (V. ci-après Branche de Zutkerque A).

Branche de Zutkerque.

VII. Léonard-Balthazar DE LAURÉTAN, dit BALTHA-
ZAR LE CADET [1], chevalier, SEIGNEUR DE FAUMONT et de
Lamotte, fils de Philippe-Walbert et de Adrienne-Marie
van Wycchuus, né à Ostricourt de 1671 à 1677 [2],
capitaine dans le régiment de milice infanterie de
Belleforière, dans la province d'Artois, en vertu
d'une commission datée de Versailles du 4 février
1696 ; mort à Zutkerque, dans le domaine que ses
parents lui avaient légué par testament du 20 juillet 1696.

Il prit alliance à Furnes, avec demoiselle Isabelle-
Thérèse DE MOUCHERON, née à Vinchem en 1675, fille
de Charles-Alexandre, écuyer, seigneur de Wytschaëte
et autres lieux [3], et de d° Françoise *de Vicq* ; elle

---

[1] On l'appelait LE CADET, parce que son frère aîné Léonard-
Balthazar, Ier du nom, tige de la branche d'Audruicq, fut son
parrain, et lui donna ses propres prénoms.

[2] Philippe-Walbert de Laurétan habitait Ostricourt en 1674.

[3] Les Moucheron remontent à Jean de Moucheron, vivant en
1289, époux de N... de Montamant, il était seigneur de Cœuvres
en Picardie, et résidait à Verneuil.

Robin de Moucheron, vivant en 1350, eut pour fils :

Etienne, vivant en 1402, époux de Robertine de Bouley, *dont :*

Richard-Louis, s[r] de Bouley, 1481-1494, époux de Jeanne
Milon, *dont :*

Jean de Moucheron, s[r] de Bouley, époux de Marguerite de
Melun, *dont :*

mourut à Saint-Ome. le 27 novembre 1748 à l'âge de
73 ans, et fut inhumée le 29 dans la chapelle des
Trépassés de l'église paroissiale de Sainte-Aldegonde.

De leur mariage naquirent sept enfants :

1° Philippe-François DE LAURÉTAN, *qui suit.*

2° Messire Charles-Adrien DE LAURÉTAN, né à Zutkerque le 6 juin 1702, mort à Saint-Omer le 23 juin
1778. Chanoine de Saint-Pierre d'Aire, puis chanoine
noble gradué de la cathédrale de Saint-Omer, il a été
enterré dans le cloître de cette église [1], et son épitaphe, sur marbre blanc, surmontée de ses armoiries,
décore l'une des parois intérieures du transept.

Monumentum
Venerabilis domini
Caroli Adriani
DE   LAURETAN,
Ecclesiœ S^{ti} Petri Ariensis Primum,
Dein hujus cathedralis canonici
nobilis graduati,
nobilitatem à majoribus partam
Probitate vitœ et morum integritate illæsam
sustentavit.
suis carus, omnibus venerabilis,
in sacris officiis religiosam præsentiam,

Pierre de Moucheron partit en 1504 pour Middelbourg, et y
épousa Isabelle Gerbier, sa postérité s'établit en 1559 en Bre-
tagne, à l'exception d'un de ses fils Jean, époux de N. Ghys,
qui habita la Flandre, dans plusieurs localités entre Ypres et
Furnes ; c'est de ce dernier que descendait la femme de Léonard-Balthazar de Laurétan.

(Cette note, extraite des manuscrits de Hellin, t. VIII, bibliothèque royale de Bruxelles, est due à l'obligeance de M. Cordonnier, membre correspondant de la Société des Antiquaires
de la Morinie, à Ypres.)

[1] Aujourd'hui paroisse N.-D. de Saint-Omer.

in capituli negotiis fidum ac firmum pectus
semper exhibuit.
Sede episcopali vacante, unanimi voto
vicariis generalibus adscitus fuit ;
inter diuturni morbi dolores
magnam animi tranquillitatem
usque ad extremum vitœ spiritum
prœ se tulit.
Obiit, dierum plenus et meritorum,
die xxiiᵉ junii 1778, œtatis suœ anno 76.
sepultus est in claustro hujus ecclesiœ,
versus portam quœ ducit ad domum
in qua mortuus est.
Orate pro eo
ut det illi dominus invenire misericordiam
a Domino.

Il avait été parrain, le 6 mars 1778, de Charlotte-
Emilie-Guislaine de Laurétan, sa cousine dans la
branche d'Audruicq (X *secundo*).

3° Marie-Isabelle DE LAURÉTAN, née à Zutkerque le
3 janvier 1704, religieuse à l'hôpital de Notre-Dame
de Tournay, où elle est décédée.

4° Charlotte-Albertine DE LAURÉTAN, née au château
de Cocove le 13 juillet 1708, et baptisée le lendemain
à Zutkerque, admise le 20 juin 1717 au couvent de la
noble et sainte Famille de Lille où elle fut élevée,
épousa Alexandre-Jean-Baptiste D'ARTOIS, seigneur
d'Avondance et de Valvalon, membre des Etats d'Artois, demeurant à Campagne-les-Boulonnais, qui
mourut le 28 janvier 1785 [1]. — D'où un fils.

---

[1] M. Cordonnier, d'Ypres, a bien voulu nous communiquer
un extrait des mss. d'Hellin t. VIII, p. 584 de la bibliothèque
royale de Bruxelles, d'où il résulte que cette famille *d'Artois*
descend d'un prince du sang royal de France : *Charles d'Artois,*

A Charles-François-Alexandre-Hubert d'Artois, seigneur de Campagne, Frescotte, etc.,
qui se maria à Bierne, avec Catherine-Anne-

comte d'Eu, et qu'elle porte pour brisure, sur les anciennes
armes de France, celles de Hénin en abîme.

Voici comment s'explique cette descendance : Le roi *Louis VIII*
laissa 2 enfants, l'un, qui fut S‹ Louis, l'autre, *Robert* né en
1216, tué en 1250 qui reçut en 1237, de son frère, le comté
d'Artois, en apanage. Son fils et successeur *Robert II,* né en
1250, fut tué en 1302 à la bataille de Courtrai, il avait eu un
fils, Philippe, qui mourut en 1298 avant son père, de sorte que
le comté d'Artois passa à *Robert III,* né en 1287, fils de Philippe,
et petit-fils de Robert II, mais il en fut dépouillé par sa tante
Mahaut. De son mariage avec Jeanne de Valois, il eut 3 enfants, dont *Jean d'Artois,* qui reçut, en 1352, du roi Jean, le
comté d'Eu, et mourut en 1386. Il avait épousé Isabelle de
Melun, il en eut *Robert II d'Artois, comte d'Eu,* et *Philippe.* Ce
dernier, connétable de France, mort en Anatolie en 1397, avait
épousé Marie de Berri, deuxième fille de Jean de France, et
laissa un fils : *Charles d'Artois, comte d'Eu,* né en 1394, seigneur
de Saint-Valery et de Houdain, pair de France en 1458, gouverneur de Paris en 1465, mort le 25 juillet 1472. Il ne laissa
d'héritiers directs, ni de sa première femme Jeanne de Saveuse
qu'il avait perdue le 2 janvier 1448, ni d'Hélène de Melun,
dame d'Abbeville, sa seconde femme. Mais, d'après le ms
d'Hellin, il eut d'une fille de la maison d'Hénin-Liétard, *Charles,*
dit le bâtard *d'Artois,* chevalier, baron de Coestine, seigneur
de Douxlieu, gentilhomme de la chambre des empereurs Maxi-
milien et Charles-Quint, gouverneur de Narden en Zélande,
chevalier de l'ordre de Saint-Jacques. Sur ses armes : d'azur
aux fleurs de lys d'or, il prit en abîme les armes de sa mère :
de gueules à la bande d'or, blason que sa postérité a continué
à porter. Il avait pour cimier : un cygne d'argent becqué de
gueules entre un vol échiqueté d'azur et d'or. Nous ferons ob-
server toutefois que la maison d'Alsace Hénin-Liétard porte :
de gueules à la bande d'or, (la bande allant d'un bord à l'autre
de l'écu), tandis que dans les armoiries de la famille d'Artois,
la bande « charge » l'écusson de gueules, sans en toucher les
bords.

Josèphe DE BAVELAERE, dame de Bierenhof et
du Schodt, née à Dunkerque le 29 juillet
1747, fille de Jacques-Louis, écuyer, seigneur de Bierenhof, échevin de la ville de
Dunkerque, puis de la ville et châtellenie de
Bergues Saint-Winox, demeurant en son
château de Bierenhof, et de Marie-Catherine-
Ernest COLPAERT, dame du Schodt. — D'où
postérité relatée ci-dessus : Rameau de
Cauchy X.

5° Louis-Alexandre DE LAURÉTAN, dit le CHEVALIER
DE FAUMONT, né à Zutkerque le 9 avril 1710. Il répré-
senta le chanoine Charles-Adrien, son frère, comme
parrain de Charlotte-Emilie-Guislaine de Laurétan.
(Branche d'Audruicq X *secundo*).

6° Jacques-Louis-Joseph DE LAURÉTAN, né à Zutkerque le 17 août 1711, chevalier de Saint-Louis, capitaine au régiment de Touraine, mort à Ypres le
27 juillet 1787, et inhumé dans le cimetière de la
cathédrale de Saint-Martin de cette ville. Il figure
parmi les témoins requis par l'abbé de Saint-Jean-au-
Mont-lez-Thérouanne et lez-Ypres, dans un acte du
23 octobre 1757, par lequel ce dernier nomme le
curé de Brêmes [1].

Il avait épousé à Ypres en la paroisse Saint-Nicolas,
le 21 décembre 1751, Marie-Antoinette-Thérèse DELLA
GRANGIA, dite DE LA GRANGE, née à Ypres, baptisée à
Saint-Nicolas. Elle avait eu pour parrain : Messire
Hynderick, prêtre, et pour marraine noble dame
Catherine de Belver, dame d'Elverdinghe et de Spiers,
épouse de Jean-Ferdinand de Lichtervelde, seigneur

---

[1] *Histoire de l'abbaye de Saint-Jean-au-Mont-lez-Thérouanne et
lez-Ypres,* par M. l'abbé Robert. *Mém. des Antiq. de la Morinie,*
t. 18, p. 376 et *pièces justificatives n° 10* p. 429.

de Beaurewaert ; et elle était fille d'Hyacinthe-Marius *della Grangia*, lieutenant dans la légion de Nice de Coupensi, et de Anne-Thérèse *de Garzaran y Balmocede*. Parmi les témoins au mariage figurent : Charles-Adrien de Laurétan, chanoine gradué de la cathédrale de Saint-Omer, Jean-Charles de Chaveis, de la même ville, et Catherine-Madeleine Garzaran y Balmocede, veuve de Pierre van de Wouwer. Madame de Laurétan mourut à Ypres le 1er mars 1775, et fut inhumée au couvent des Augustins [1].

Sans postérité.

7° Eloi-François DE LAURÉTAN, né à Zutkerque le 1er décembre 1712, chanoine de l'église collégiale de Saint-Omer à Lillers.

VIII. Philippe-François DE LAURÉTAN, chevalier, SEIGNEUR DE HONTSCHOTTE, Faumont, Lamotte, etc. ; fils de Léonard-Balthazar, le cadet, et de demoiselle Isabelle-Thérèse de Moucheron, né à Zutkerque le 15 janvier 1701, y décéda le 3 juin 1776, et fut inhumé le 4 dans l'église paroissiale chapelle Saint-Nicolas.

Il avait épousé à Ypres, paroisse Saint-Jacques, le 23 juillet 1737, Marie-Anne-Françoise DE MOUCHERON, sa cousine germaine, née à Merchem le 20 octobre 1708, qui avait eu pour parrain noble homme Pierre-François Adriaensens, et pour marraine noble dame Marie-Anne van der Moere. Elle était fille de Charles-Philippe *de Moucheron*, écuyer, seigneur de Wytschaëte, Ter Plaetse, Houtte, etc., natif du château de Wulveringhem-lez-Furnes,

---

[1] Ces renseignements, tirés des actes de catholicité des paroisses d'Ypres, nous ont été fournis par M. Cordonnier.

et de Marie-Benoîte-Gérardine *van Lille,* native
d'Ypres, morte à Merchem le 1ᵉʳ novembre 1708,
et enterrée à Elverdinghe-lez-Ypres [1]. Madame de
Laurétan fut marraine de Pierre-François-Louis de
Laurétan, dernier mayeur de Saint-Omer (Branche
d'Audruicq IX *secundo*), fils du cousin germain de
son mari.

De ce mariage est issue :

IX. Marie-Cécile-Charlotte DE LAURÉTAN, dame de
Faumont, Lamotte, Hontschotte, née à Zutkerque le
17 août 1747, mariée le 6 août 1771 à Lamoral, baron
DE DRAECK, seigneur de la Cornhuse, Ablain-Saint-
Nazaire, et autres lieux, né à Oudezelle, fils de Re-
macle, écuyer, sʳ de la Cornhuse etc., et de Floris
Lamorale *de Lannoy,* dame d'Ablain.

Elle a eu, comme chasseresse, une certaine célé-
brité, et purgea de loups le pays de Brédenarde et la
forêt d'Eperlecques. Elle portait des habits d'homme,
afin d'atteindre plus facilement les carnassiers qu'elle
poursuivait, et dont les têtes étaient clouées, après
chacune de ses chasses, sur la porte de son château
de Zutkerque. Ses habitudes viriles, ses meutes, ses
garde-chasses à livrée verte, et ses sanglants trophées, ont laissé un souvenir impérissable, et presque légendaire dans la contrée [2]. Malgré ses utiles
exploits, elle vit son château pillé pendant la Révolution, et dut l'abandonner. En 1809 et 1813, elle
dirigea encore des battues dans le département du

[1] Registres de catholicité à Ypres.
[2] M. Piers : *Petites histoires du canton d'Audruicq. Audruicq,
Zutkerque,* p. 78 et 79, parle de ces chasses, et appelle la ba-
ronne de Draëck « la Diane du Brédenarde ».

5

Pas-de-Calais, notamment à Ablain-Saint-Nazaire et à Hesdin. Elle mourut sans postérité le 19 janvier 1823, à l'âge de 75 ans, et l'on aperçoit sa tombe dans le cimetière de Zutkerque.

INDEX GÉOGRAPHIQUE

A

Ablain-Saint-Nazaire. — Canton de Vimy, arrond. d'Arras (P.-de-C.).

Achel. — Belg. Limbourg, à 43 k. d'Hasselt.

Alembon (vicomté d') ou **Hannonshove.** — S'étendait sur les paroisses de Zutkerque et de Polincove (P.-de-C.) était tenue du roi à cause de son château d'Audruicq.

Alost. — Belg. Fl. or., à 33 k. de Gand.

Alveringhem. — Belg. Fl. occ., à 56 k. de Bruges, ancienne châtellenie de Furnes.

Audenarde (Oudenarde). — Belg. Fl. or., à 28 k. de Gand.

Audruicq. — Une des 4 paroisses du pays de Brédenarde, ch.-l. de canton du P.-de-C., arrond. de Saint-Omer.

Avondance. — Canton de Fruges, arrond. de Montreuil (P.-de-C.).

B

Bailleul. — Ch.-l. de canton, arrond. d'Hazebrouck (Nord).

Bapaume. — Ancienne place forte, ch.-l. de canton, arrond. d'Arras (P.-de-C.).

Bavincove ou **Bavinchove.** — A 4 k. de Cassel, arrond. d'Hazebrouck (Nord).

Bergues-Saint-Winocx. — Ch.-l. de canton, arrond. de Dunkerque (Nord).

Bertholf. — Fief sur la paroisse de Bailleul.

Bierenhof. — Fief sur le village de Bierne.

Bierne. — Châtellenie de Bergues, diocèse d'Ypres, canton de Bergues, arrond. de Dunkerque.

Blandecques. — Village près Saint-Omer.

Boursin. — En Boulonnais.

Brecht. — Belg. prov. d'Anvers, à 25 k. de cette ville.

Brédenarde (pays de). — Se composait de 4 paroisses : Audruicq, Nortkerque, Polincove et Zutkerque (P.-de-C.).

Brée. — Belg. prov. de Limbourg, à 39 k. d'Hasselt.

Brêmes. — Comm. canton d'Ardres, arrond. de Saint-Omer (P.-de-C.).

Briarde. — Comm. d'Houdeghem (Nord).

Brique d'or. — Fief à Mentque-Nortbécourt, arrond. de Saint-Omer.

Bruel. — Belg. dép. d'Oostmalle, prov. d'Anvers.

Bruges. — Belg. ch.-l. de la Fl. occ.

C

Campagne-les-Boulonnais. — Canton d'Hucqueliers, arrond. de Montreuil (P.-de-C.) dépendait autrefois du bailliage de Saint-Omer.

Cauchie (la). — Fief situé dans le pays de Brédenarde et distinct du suivant.

Cauchy (vicomté de) ou **Cauchie, alias Licques.** — S'étendait sur les trois paroisses d'Audruicq, Zutkerque et Nortkerque, était tenue du roi, à cause du château d'Audruicq.

Cocove. — Ham. comm. de Recques, canton d'Ardres (P.-de-C.).

F

Faumont. — Comm. canton d'Orchies, arrond. de Douai (Nord).

Furnes. — Belg. Fl. occ., à 47 k. de Bruges.

G

Gand. — Belg. ch.-l. Fl. or.

Grevenbrouck. — Fief au comté de Looz.

H

Hamel (le). — Fief sis comm. de Blaringhem, arrond. d'Hazebrouck (Nord).

Haerderwyck (Haerderveg ?). — Belg. dép. Hoorebeke-Saint-Corneille, Fl. or.

Hasselt. — Belg. ch.-l. du Limbourg, à 20 k. de Maëstricht, sur la Demer qui se jette dans la Dyle, faisait partie de l'ancien comté de Looz, et appartenait aux princes évêques de Liège.

Herckenrode. — Au comté de Looz, évêché de Liège.

Herenthals. — Belg. à 37 k. 5 d'Anvers, même prov., autref. du diocèse de Cambrai.

Hermelinghem. — Canton de Guines, arrond. de Boulogne (P.-de-C.).

Hesdin. — Ch.-l. de canton, arrond. de Montreuil (P.-de-C.).

Hontschote ou **Hondschoote.** — Ch.-l. de canton, arrond. de Dunkerque (Nord).

Hoovorst. — Belg. Fief situé à Santhoven près de Viersel, prov. d'Anvers, tenu de la cour de Brabant.

Hucqueliers. — Ch.-l. de canton, arrond. de Montreuil (P.-de-C.).

L

Lamotte. — Fief sur Bayenghem-lez-Seninghem, bailliage de Saint-Omer.

Lichtaert. — Belg. à 46 k. d'Anvers, même prov.

Liège. — Belg. ch.-l. de la prov. de ce nom, ancienne cap. de l'évêché de Liège.

Lierre. — Belg. prov. d'Anvers, ville forte au confluent des 2 Nèthes, à 15 k. nord-ouest de Malines, entre Anvers au nord-ouest, et Bruxelles au sud-ouest.

Lillers. — Ch.-l. de canton (P.-de-C.).

Looz (comté de). — Belg. Ce comté était possédé par des comtes particuliers, lorsque Jean, l'un d'eux, le donna aux évêques de Liège en 1302. Brockloen ou Looz, Tongres, Hasselt en étaient les villes principales. — Actuellement Looz est dans la prov. de Limbourg, à 17 k. d'Hasselt.

M

Maëstricht. — Ville des Pays-Bas, sur la Meuse, à 5 lieues au dessous de Liège ; une partie de la ville était enclavée dans l'évêché de Liège. Aujourd'hui cap. de la partie hollandaise de l'ancien duché de Limbourg.

Melle. — Belg. par. près de Gand.

Merchem. — Belg. près Dixmude.

Middelbourg. — Holl. cap. de la prov. de Zéelande.

N

Nederpeldt. — Belg: fief près Achel.

Neuve-Eglise. — Belg. Fl. occ , à 65 k. de Bruges, à 13 k. 5 d'Ypres.

Neuss. — Ville forte située au nord de Cologne, au confluent de l'Eterts et du Rhin.

Nielle (vicomté de). — Nielles en Boulonnais ou Nielle-les-Bléquin, dépendait du bailliage de Saint-Omer.

Nieppe. — Canton de Bailleul, arrond. d'Hazebrouck (Nord).

Nortkerque. — Dans le pays de Brédenarde ; aujourd'hui, canton d'Audruicq, arrond. de Saint-Omer.

O

Oostmalle. — Belg. canton de Brecht, prov. d'Anvers.

Ossendrecht. — Holl. entre Anvers et Berg-op-Zoom.

Ostricourt. — Châtellenie de Lille, à l'extrémité orientale de l'Artois, sur l'ancienne voie romaine d'Arras à Tournai, canton de Pont-à-Marcq (Nord).

Oudezelle. — Ancienne châtellenie de Cassel, canton de Steenvoorde, arrond. d'Hazebrouck (Nord).

P

Pipre ou **Pipers.** — Paroisse de Steenwerck, canton de Bailleul (Nord).

Potterie. — Fief sur la paroisse de Nieppe en France et de Neuve-Eglise en Belgique.

R

Racquinghem. — Canton d'Aire-s-la-Lys, arrond. de Saint-Omer (P.-de-C.).

Réthy. — Belg. prov. d'Anvers.

S

Santhoven. — Belg. à 25 k. d'Anvers, même prov., à 12 k. de Lierre.

Somergem. — Belg. Fl. or., à 15 k. 5 de Gand.

Spiker. — Belg. Fl. occ.

Steenwerck. — Canton de Bailleul, arrond. d'Hazebrouck (Nord).

T

Thielt. — Belg. Fl. occ., à 27 k. de Bruges.

Tongres. — Belg. ancien comté de Looz, prov. de Limbourg, à 20 k. d'Hasselt.

Tournai. — Belg. prov. de Hainaut, à 49 k. de Mons.

Trèves. — All. ville sur la Moselle.

V

Viersel. — Belg. à 19 k. 5 d'Anvers, même prov., à 10 k. de Lierre.

Vinchem ou **Vinckem.** — Belg. ancienne châtellenie de Furnes, Fl. occ., à 53 k. 5 de Bruges.

Vorsselaër. — Belg. prov. d'Anvers, autrefois dans la campine de Brabant, et dépendant de Lierre.

W

Watteblé. — Fief, pays de Brédenarde, paroisse de Zutkerque, tenu du roi à cause de son château d'Audruicq.

Welle. — Belg. à 33 k. de Gand, à 5 k. 5 d'Alost.

Wiban. — Fief, ham. de Soine, paroisse de Beuvry (P.-de-C.).

Wytschaëte. — Belg. Fl. occ., à 59 k. 5 de Bruges, à 8 k. d'Ypres.

Y

Ypres. — Belg. Fl. occ.

Z

Zutkerque. — Pays de Brédenarde, canton d'Audruicq (P.-de-C.).

ARMOIRIES

DES FAMILLES CITÉES DANS LA GÉNÉALOGIE [1]

Alcantara (d'). — Belg. — Coupé d'argent au lion léopardé
d'azur passant devant un arbre de sinople, et d'azur à
l'étoile d'or, à la bordure d'or chargée de dix têtes de
dragons d'azur lampassés de gueules.

Artois (d'). — Art. — Pic. — D'azur semé de fleurs de lis d'or,
à un écusson de gueules en abîme chargé d'une bande
d'or.

Baré. — Fl. — D'or à la bande de sable chargée de trois lion-
ceaux d'argent.

Bavelaëre (de). — Fl. — D'argent à un aigle de gueules accompagné de trois molettes de sable, deux en chef,
une en pointe.

Belvalet (de). — Art. — D'argent à un lion morné de gueules.

Campagne (de). — Pic. — De gueules semé de trèfles d'or, à
trois croix ancrées d'argent, dont deux en chef et une
en pointe.

Capel (van). — Fl. — D'hermines, à une face de gueules.

Chambge (du). — Pic. — D'argent au chevron de gueules
accompagné en chef de deux merlettes de sable et en
pointe d'un trèfle de sinople.

Coëtlogon (de). — Bret. — De gueules à trois écussons d'argent semés d'hermines.

Colpaert. — Fl. — D'or, à une face de gueules, chargée de

1 Il nous eût été très difficile de donner toutes les armoiries des familles
mentionnées dans la généalogie parce qu'elles appartiennent à beaucoup de
pays différents ; de plus il y a des noms qui sont portés par plusieurs familles,
sans que nous ayons pu distinguer lesquelles d'entre elles étaient alliées aux
Laurétan. Les armoiries que nous donnons permettront néanmoins de distinguer un grand nombre d'alliances.

trois sautoirs alaisez d'or, et accompagnée de trois roses de gueules posées deux en chef et une en pointe.

Daens. — Fl. — De gueules à trois facés d'argent, les 2 en chef et l'autre en pointe timbrées, et au dessus avec une face de More portant un turban *(sic* Le Roux).

Dauchel. — Art. — D'or à cinq losanges de sable accolés en bande.

Dilft (van der). — Brab. — D'argent à trois flanchis de gueules.

Draeck (de). — Limbourg.— Fl.— Ecartelé aux 1er et 4e d'azur au dragon ailé d'or, aux 2e et 3e d'argent à trois chevrons de gueules.

Elderen (van). — P. de Liège. — De vair à la fasce haussée d'or.

Ennetières (d'). — Fl. — D'argent à trois écussons d'azur, deux et un, chargés chacun d'une étoile d'or.

Flines (de). — Fl. — D'azur au chevron d'or, accompagné en chef de deux trèfles du même, et en pointe d'une étoile à six raies, le tout d'or.

Gaillart de Blairville. — Art. — D'argent à deux faces de sable accompagnées de six quintes-feuilles de même, trois en chef, deux en face et une en pointe.

Ghys. — Prov. de Liège. — De sable au chevron d'or accompagné de trois étoiles du même.

Gliseulle (de la). — De gueules au chef d'argent.

Guelque des Cluzeaux (de).—Pic.—D'azur à une croix double de Lorraine d'argent surmontée de deux étoiles d'or en chef.

Guilluy. — Pic. — Art. — D'azur semé de molettes d'argent à trois épis d'or brochant sur le tout posés en pal deux et un.

Hannon (de). — Belg. — Art. — De gueules à trois coquilles de St Jacques d'argent deux et une. — Ceux de Bavinchove écartelaient d'argent à la croix de gueules, qui sont les armes des Courtheuse.

Hinnisdaël (van). — Comté de Looz. — Art. — De sable au chef d'argent chargé de trois merlettes du champ.

Hoeven (van der). — Brab. — D'argent à cinq fusées de sable accolées en fasce, au franc quartier d'or chargé de trois maillets penchés de gueules.

Lallart de Ribehem ou **de Berles.** — Art. — D'or à un chevron de gueules accompagné en chef de trois étoiles rangées en face de sable, et en pointe d'un croissant montant de même.

Lannoy d'Ablain (de). — Art. — D'argent à trois lions de sinople, couronnés, lampassés et armés d'or, posés deux et un.

Lattre (de) ou **de Latre de la Terrerie.** — Fl. — D'or à trois hures de sangliers de sable, lampassées de gueules et deffendues d'argent, posées deux et une, brisé en chef d'un croissant contourné de gueules.

Lille (van). — Coupé, d'or et de gueules, l'or chargé de trois fleurs de lis de gueules.

Loye (van der). — De... au chevron de... accompagné de trois tréfles de... deux en chef, un en pointe, pour cimier un tréfle de... entre un vol de... (sceau apposé sur une quittance du 11 septembre 1556).

Maëlcamp (de). — Fl. — De gueules au cerf passant d'argent, le col percé d'une flèche d'or en barre, la pointe en haut.

Marcotte de Roquetoire. — Art. — D'azur à trois étoiles d'or, chargé d'un lambel de gueules à deux pendants.

Martin (des). — Fl. — D'azur à une bande d'or, accompagnée de deux estoiles à six rais de même, posées une en chef et une pointe.

Michiels. — Fl. — Ecartelé aux 1er et 4e d'or au lion de sable issant d'une champagne de gueules, aux 2 et 3 d'or à deux rameaux de chêne au naturel passés en sautoir.

Moucheron (de). — Pays-Bas. — Bret. — Norm. — D'argent à la fleur de lys d'azur séparée par le milieu et détachée de toutes parts.

Noot (van der). — Brab. — D'or à cinq coquilles de sable posées en croix.

Oultremont (d'). — Prov. de Liège. — De sable, au chef cousu de gueules, au lion d'argent, armé, couronné et lampassé d'or brochant sur le tout.

Pagart d'Hermansart. — Art. — Pic. — D'azur à trois bandes d'or, au chef d'argent chargé d'une teste (et col) de cerf coupée de sable, posée de profil.

Puthem ou **Putthem (van).** — Fl. — De gueules au chevron d'or accompagné de trois quintefeuilles d'argent.

Rantzau (de). — Holstein. — Meklembourg. — Parti d'argent et de gueules.

Ricamès (de). — De gueules à trois coquilles d'or 2 et 1.

Roussé (de). — Pic. — D'argent à cinq merlettes de sable trois et deux.

Saint-Eusèbe (de). — Danem. — Lorr. — D'azur à une jumelle d'or posée en face, accompagnée d'un léopard de même, au chef d'or orné de deux coquilles d'azur.

Saint-Vaast (de). — Brab. — D'azur à l'aigle éployé d'or becqué et membré de gueules.

Servins (d'Héricourt de). — Ital. — Art. — D'azur à cinq étoiles d'argent posées en sautoir, celle du milieu soutenu d'un croissant d'or.

Sleuws. — Brab. — De gueules au lion d'argent.

Taviel. — Fl. — D'azur à trois tables en octogone d'argent deux et une.

Vaernewyck (de). — Fl. — De sable à trois lions rampants d'argent, armés et lampassés de gueules.

Vicq (de). — Brab. — De sable à six besans d'or, 3, 2 et 1.

Vilain XIIII. — Fl. — De sable au chef d'argent chargé d'un lambel de trois pendants de sable (ou de sable au chef d'argent — documents de famille).

Vinckele (van den). — Brab. — Écartelé aux 1er et 4e de sable à l'étoile d'or accostée de 2 faucilles affrontées d'argent, emmanchées d'or, le tranchant dentelé ; aux 2e et 3e parti émanché d'argent et de gueules.

Wycchuss ou **Wychuysse (van).** — Fl. — De gueules au chevron d'argent accompagné de 3 molettes de cinq pointes de même.

Ximenès de Léon. — Aragon. — De gueules à deux épées d'argent garnies d'or, passées en sautoir, les pointes en bas, accostées de deux colonnes d'or sommées chacune d'une fleur de lis au pied nourri de même.

TABLE GÉNÉALOGIQUE

Saint-Omer, Imp. H. D'HOMONT.